高职高专物流管理类"十三五"规

国际货运代理

主　编　郭红霞

副主编　邓金蕾　胡　澴

WUHAN UNIVERSITY PRESS

武汉大学出版社

图书在版编目(CIP)数据

国际货运代理/郭红霞主编 . —武汉：武汉大学出版社,2016.1
高职高专物流管理类"十三五"规划教材
ISBN 978-7-307-17373-6

Ⅰ.国… Ⅱ.郭… Ⅲ.国际货运—货运代理—高等职业教育—教材
Ⅳ.F511.41

中国版本图书馆 CIP 数据核字(2015)第 295031 号

责任编辑:胡程立　　　责任校对:汪欣怡　　　版式设计：马　佳

出版发行：**武汉大学出版社**　　（430072　武昌　珞珈山）
　　　　　（电子邮件：cbs22@ whu.edu.cn　网址：www.wdp.com.cn）
印刷：荆州市鸿盛印务有限公司
开本：787×1092　　1/16　　印张:9.75　字数:228 千字　插页:1
版次:2016 年 1 月第 1 版　　2016 年 1 月第 1 次印刷
ISBN 978-7-307-17373-6　　定价:25.80 元

总　序

近年来，随着经济的快速发展，现代物流逐渐成为我国经济生活中的热点，社会需求日趋旺盛。与此相适应的，社会对物流人才的需求也逐年增加。基于此，许多高职高专院校作为职业人才的培养基地，纷纷开设了物流管理专业。

从高职高专人才培养方向来看，物流管理专业培养的主要是物流各功能岗位的操作人员，从事运输管理、仓储管理、报关、理货、配送、客户关系管理等方面的工作。这些岗位的人员必须熟悉物流行业，掌握运输、仓储、包装、装卸、流通、加工、商贸等方面的专业技能知识，并能熟练地运用到实际工作中。因此，在教学过程中，需要重点提高学生的动手能力，提升学生的综合素质，以培养适合社会需求的专业人才，使学生能学有所需，学有所用。

然而，在实际应用中，适用于高职高专人才培养目标的精品教材却非常匮乏。因此，探索和编写技能型、实践型、创新型的精品教材以促进高职高专人才培养目标的实现，是目前高职高专物流管理专业教学的当务之急。

针对上述情况，我们从物流管理专业所需的教育教学技能角度出发，结合物流行业的现实需求，紧密围绕培养高等技术应用型专门人才这一目标，编写了本系列教材。本套教材包括物流管理专业基础课与必修课等核心课程，其编写特点如下：

- **理论"够用"**

区别于以往教材理论部分占比较重，本套教材从岗位能力出发，精选"管用"、"够用"、"适用"的理论知识，从而更好地指导学生的学习，提高学习的效率。

- **突出技能**

内容编写上以高职高专学生必备的职业技能为主线，通过"情境设置"、"项目驱动"、"教学做结合"等形式，以便于学生轻松掌握。

- **讲究实践**

按照培养应用型人才的特点，充分考虑行业、企业所要完成的典型任务，在书中安排实训的环节，激发学生参与教学其中，以提高其动手的能力、解决问题的能力。

- **力求创新**

编写理念的滞后、缺乏创新是导致教材不能发挥应有作用的内在原因。本套教材在编写方式上创新使用了"理论+实例+案例"的形式，并且把枯燥的文字表述转换为图、表的形式，使得全书图文并茂；便于教学，学生使用时也能一目了然。同时，教材中尽量吸收最新的发展成果，以保证教材的时代感。

●　服务教学

本套教材配有辅助教师教学的丰富的教学资源包，包括技能训练指导、课后习题答案及相关教学资源库等，这些配套的资料，将极大方便教师使用这套教材。

本系列教材主要适用于高职高专学校物流管理专业学生的教学，并可供相关从业人员自学使用。

高职高专物流管理类教材编委会

2015 年 3 月

前　言

国际物流在全球社会经济中扮演着非常重要的角色，随着全球一体化和社会经济的快速发展，对国际物流行业的要求越来越高，这给国际货运代理行业带来了前所未有的发展契机，货代行业的人才需求量也随之加大。

为了满足国际货运代理行业对人才的需求，给广大有志于从事货运代理行业的高职高专学生提供一本兼具科学性、系统性与实用性的教材；本书在编写过程中充分借鉴了相关教材的长处，广泛听取了活跃在货运代理行业一线的从业人员的建议和意见，着眼于国内外货运代理行业的实际操作流程，本着实用为主的原则，在编写时主要体现以下几个特点：

（1）实用性。本书按照国际货运代理行业的实际业务操作进行设计，突出了实用性和可操作性，实现了理论知识和实际业务的完美结合。

（2）针对性与广泛性。本书既可作为高职高专院校物流管理专业及相关专业的教学用书，也兼顾了广大人事货运代理行业人员的需求，力求成为高职高专学生初入货运代理行业的好助手、好导师。

（3）合理衔接性。国际货运代理行业与国际贸易的关系是密不可分的，本书适当补充了国际贸易的基础知识，让学生充分了解国际货运代理的相关行业和术语，有助于学习上的合理衔接和过渡。

本书由黄冈职业技术学院郭红霞老师担任主编，由黄冈职业技术学院邓金蕾老师、武汉船舶职业技术学院胡濛老师担任副主编。郭红霞负责全书的结构设计及统稿。具体分工如下：郭红霞编写了项目一和项目四；胡濛编写了项目二和项目三；邓金蕾编写了项目五和项目六。

本书在编写过程中参考了大量的著作、文献，借鉴了国内外同行、专家的不少研究成果，在此表示真诚的感谢。

希望本书能对高职物流管理专业的学生和国际货运代理行业的工作者有所裨益，对教师的教学有所帮助。由于编者水平有限，不当和疏漏之处在所难免，恳请广大读者不吝指正。

编　者

2015 年 10 月

目　录

项目一　国际货运代理概述 ·· 1

　任务一　国际货运代理基础 ·· 1

　　一、国际货运代理的定义 ·· 1

　　二、国际货运代理与国际物流的关系 ···································· 2

　　三、国际货运代理的性质和作用 ·· 2

　　四、国际货运代理的责任 ·· 3

　　五、国际货运代理组织 ··· 4

　　六、国际货运代理的服务内容及服务对象 ···························· 4

　任务二　国际货运代理企业 ·· 5

　　一、国际货运代理企业的经营范围 ······································· 5

　　二、国际货运代理企业的业务内容 ······································· 5

　　三、国际货运代理企业的行为规范 ······································· 8

　　四、国际货运代理企业的民事法律地位 ······························ 10

项目二　国际贸易基础知识 ··· 13

　任务一　国际贸易术语 ·· 13

　　一、《国际贸易术语解释通则》 ·· 13

　　二、常用贸易术语 ·· 14

　任务二　国际贸易结算 ·· 17

　　一、支付工具 ··· 17

　　二、支付方式 ··· 19

　任务三　国际货运保险 ·· 22

　　一、海上运输货物保险 ··· 22

　　二、陆上运输货物保险 ··· 28

　　三、航空运输货物保险 ··· 29

　　四、合同中的保险条款及办理保险的程序 ···························· 29

项目三　国际海上货运代理 ··· 33

　任务一　班轮运输 ·· 33

　　一、班轮运输概述 ·· 33

　　二、班轮运输运费 ·· 34

　　三、班轮运输流程 ……………………………………………… 36

　　四、班轮运输相关单证 ………………………………………… 38

任务二　租船运输 ………………………………………………… 58

　　一、租船运输概述 ……………………………………………… 58

　　二、租船程序 …………………………………………………… 59

　　三、租船运输合同 ……………………………………………… 60

项目四　国际航空货运代理 ……………………………………… 64

任务一　航空货运代理概述 ……………………………………… 64

　　一、航空运输基础知识 ………………………………………… 64

　　二、航空运输设施设备 ………………………………………… 66

　　三、航空运输方式 ……………………………………………… 69

任务二　航空货运运费计算 ……………………………………… 70

　　一、航空运价基础知识 ………………………………………… 70

　　二、国际货物运价的种类 ……………………………………… 72

　　三、国际货物运价使用的一般规定 …………………………… 72

　　四、公布直达运价的使用 ……………………………………… 72

　　五、比例运价和分段相加运价 ………………………………… 84

　　六、运价的使用顺序 …………………………………………… 85

　　七、其他费用 …………………………………………………… 86

任务三　航空货运流程 …………………………………………… 87

　　一、航空货物进口业务流程 …………………………………… 87

　　二、航空货物出口业务流程 …………………………………… 90

　　三、特种货物航空运输业务 …………………………………… 95

　　四、国际航空快递业务 ………………………………………… 98

任务四　航空货运相关单证 ……………………………………… 102

　　一、航空货物托运书 …………………………………………… 102

　　二、航空运单 …………………………………………………… 103

项目五　国际陆上货运代理 ……………………………………… 111

任务一　国际铁路货物联运 ……………………………………… 111

　　一、国际铁路货物联运概述 …………………………………… 112

　　二、国际铁路货物联运运费计算 ……………………………… 113

　　三、国际铁路货物联运业务流程 ……………………………… 114

　　四、国际铁路货物联运相关单证 ……………………………… 116

任务二　国际公路货物运输 ……………………………………… 118

　　一、国际公路货物运输概述 …………………………………… 118

　　二、国际公路货物运输运费计算 ……………………………… 120

三、国际公路货物运输业务流程及运输合同 …………………………………… 125
四、公路货运相关单证 ……………………………………………………………… 129

项目六　国际多式联运 …………………………………………………………… 132
　任务一　国际多式联运概述 ……………………………………………………… 133
　　一、国际多式联运的基本概念及条件 …………………………………………… 133
　　二、国际多式联运的特征 ………………………………………………………… 133
　　三、国际多式联运的分类 ………………………………………………………… 134
　　四、国际多式联运的优越性 ……………………………………………………… 135
　任务二　国际多式联运运费计算 ………………………………………………… 136
　　一、国际多式联运运费的基本结构及计收方式 ………………………………… 136
　　二、国际多式联运运费的计收方法 ……………………………………………… 137
　任务三　国际多式联运流程及合同 ……………………………………………… 139
　　一、国际多式联运流程 …………………………………………………………… 139
　　二、国际多式联运合同 …………………………………………………………… 140
　任务四　国际多式联运相关单证 ………………………………………………… 142
　　一、国际多式联运单据概述 ……………………………………………………… 142
　　二、国际多式联运提单 …………………………………………………………… 143

参考文献 ………………………………………………………………………………… 147

项目一　国际货运代理概述

☞学习目标

教学目的：了解国际货运代理的基本概念，代理的适用领域、分类；了解国际货运代理的经营范围、业务内容、服务对象；了解国际货运代理企业的责任及责任险、经营风险及防范；了解各种运输方式下的货运保险。

教学重难点：国际货运代理的经营范围和业务内容；货运保险的重要性和国际货运保险的分类。

教学课时：4学时。

【导入案例】

某货运公司的A、B两名业务人员分别有一票FOB条款的货物，均配载在D轮从青岛经釜山转船前往纽约的航船上。开船后第二天，D轮在釜山港与另一艘船相撞，造成部分货物损失。接到船东的通知后，两位业务人员分别采取如下解决方法：

A业务员：马上向客户催收运杂费，收到费用后才告诉客户有关船损一事。

B业务员：马上通知客户事故情况并询问该票货物是否已投保，积极向承运人查询货物是否受损并及时向客户反馈。待问题解决后才向客户收费。

结果：A的客户的货物最终没有损失，但在知道事实真相后，客户对A及其公司表示不满并终止合作。B的客户事后给该公司写来了感谢信，并扩大了双方的合作范围。

讨论：针对案例中的两个业务员的做法展开讨论，并思考从事国际货运代理行业最重要的素质是什么？

任务一　国际货运代理基础

一、国际货运代理的定义

（一）国际上对国际货运代理所下的定义

目前，国际上对于货运代理没有一个统一的定义。国际货运代理协会联合会（FIATA，简称"菲亚塔"）将其定义为："根据客户的指示，并为客户的利益而揽取货物运输的人，其本身不是承运人。"货运代理也可以依据这些条件，从事与运输合同有关的活动，如储货（也包含寄存）、报关、验收、收款等。

（二）我国对国际货运代理所下的定义

在我国，国际货运代理具有两种含义：其一是指国际货运代理业，其二是指国际货运代理人。

根据1995年6月29日国务院批准的《中华人民共和国国际货物运输代理业管理规定》（以下简称《国际货物运输代理业管理规定》）第2条"国际货物运输代理业，是指接受进出口货物收货人、发货人的委托，以委托人的名义或者以自己的名义，为委托人办理国际货物运输及相关业务并收取服务报酬的行业"，可知国际货运代理人是指接受进出口货物收货人、发货人和承运人的委托，以委托人的名义或者以自己的名义，为委托人办理国际货物运输及相关业务并收取服务报酬的企业。

二、国际货运代理与国际物流的关系

国际物流（International Logistics，IL）是不同国家之间的物流，狭义的理解是当供应和需求分别处在不同的地区和国家时，为了克服供需在时间上和空间上的矛盾而发生的商品物质实体在不同国家之间跨越国境的流通。国际物流伴随着国际贸易的发展而发展，并成为国际贸易重要的物质基础，各国之间的互相贸易最终必须通过国际物流来实现。国际物流是国内物流的跨国延伸和扩展。

国际物流的范畴大于国际货运代理。物流不仅仅包括货运，还包括资金、信息、物流服务以及第三方等生产和流通领域各个环节；国际货运代理则仅仅是代理从事国际间的货物运输。

三、国际货运代理的性质和作用

（一）国际货运代理的性质

国际货运代理是受委托人委托或授权，代办各种国际贸易、运输所需服务的业务，并收取一定报酬，或作为独立的经营人完成并组织货物运输、保管等业务，因而被认为是国际运输的组织者，也被誉为"国际贸易的桥梁"和"国际货物运输的设计师"。

（二）国际货运代理的作用

第一，组织协调功能。主要有组织运输活动，设计运输路线，选择运输方式和承运人，协调货主和承运人及仓库保管人的关系，协调货主与保险人、车站、海关、银行、港口、堆场、卫生检疫和动植物检疫部门的关系。

第二，专业服务功能。提供货物的承揽、交运、拼装、集运、接卸、交付服务，办理货物的保险、报关、检验检疫等进出口管制等手续，代理委托人支付或收取运费，垫付税金和政府规费。

第三，沟通控制功能。保持货物运输关系人之间以及货物运输关系人与其他有关企业部门的有效沟通。

第四，咨询顾问功能。向委托人提出明确、具体的咨询意见，协助委托人设计、选择适当的处理方案，避免或减少不必要的风险和浪费。

第五，降低成本功能。通过选择最佳路线、运输方式降低成本，通过集运方式降低成本，通过选择最佳装卸人、仓管人、保险人，争取公平合理的费率，从而降低成本。

第六，资金通融功能。可以代替收发货人支付有关费用及税金，提前与承运人、保管人、仓储人结算费用，凭借货代的信用向银行、海关提供费用、税金担保。

四、国际货运代理的责任

(一) 以纯粹代理人的身份出现时的责任

作为代理人，在货主和承运人之间起牵线搭桥的作用，由货主和承运人直接签订运输合同。货代公司收取的是佣金，承担的责任小。当货物发生灭失或损坏的时候，货主可以直接向承运人索赔。

(二) 以当事人的身份出现时的责任

当出现货代公司以自己的名义与第三人（承运人）签订合同、在安排储运时使用自己的仓库或者运输工具、安排运输与拼箱集运时收取差价这三种情况时，对于托运人来说，货运代理便是作为承运人，应当承担承运人的责任。

(三) 以无船承运人的身份出现时的责任

当货运代理从事无船承运业务并签发自己的无船承运人提单时，便成了无船承运经营人，是法律上的承运人，其兼有承运人和托运人的责任。

(四) 以多式联运经营人的身份出现时的责任

当货运代理负责多式联运并签发提单时，便成了多式联运经营人（MTO），被看做法律上的承运人。

1. 联合国《多式联运公约》规定 MTO 对货物灭失或延迟交付的赔偿责任

对于货物灭失或损坏的赔偿限额最多不超过每件或每运输单位 920SDR（Special Drawing Right，特别提款权），或每公斤不得超过 2.75SDR，以较高者为准。但是国际多式联运如果根据合同不包括海上或内河运输，则 MTO 的赔偿责任按灭失或损坏货物毛重每公斤不得超过 8.33SDR 计算。

对于货物的迟延交付，《多式联运公约》规定了 90 天的交货期限，MTO 对迟延交货的赔偿限额为迟延交付货物运费的 2.5 倍，并不能超过合同的全程运费。

2. 《中华人民共和国海商法》规定 MTO 对货物灭失或延迟交付的赔偿责任

对于货物灭失或损坏的赔偿限额最多不超过每件或者每个其他运输单位 666.67SDR，或按照灭失或损坏的货物毛重，每公斤 2SDR，以两者中较高的为准。

对于迟延交付，《中华人民共和国海商法》（以下简称《海商法》）规定货物交付期限为 60 天，MTO 迟延交付的赔偿限额为迟延交付货物的运费数额，但因承运人的故意或者不作为而造成的迟延交付则不受此限制。

(五) 以混合身份出现时的责任

货运代理从事的业务范围较为广泛，除了作为货运代理代委托人报关、报检、安排运输外，还用自己的雇员，以自己的车辆、船舶、飞机、仓库及装卸工具等来提供服务，或陆运阶段为承运人，海运阶段为代理人。对于货运代理的法律地位的确认，不能简单化，而应视具体的情况具体分析。

3

（六）以合同条款为准时的责任

在不同国家的标准交易条件中，往往详细划分了货运代理的责任。通常，这些标准交易条件是收货证明或由货运代理签发给托运人的类似单证的结合。

五、国际货运代理组织

（一）国际货运代理协会联合会（FIATA）

国际货运代理协会联合会是国际货运代理的行业组织，英文名称为"International Federation of Freight Forwarders Associations"。其法文缩写是"FIATA"（菲亚塔），并被用作该组织的标识（见图1-1）。

FIATA由16个国家的货运代理协会于1926年5月31日在奥地利维也纳成立，总部设在瑞士苏黎世，是一个非营利性的组织。FIATA的宗旨是保障和提高国际货运代理在全球的利益。FIATA的最高权力机构是会员代表大会。FIATA每年举行一次世界性的代表大会，所有会员都可以参加。2006年的FIATA年会在中国上海召开。

（二）中国国际货运代理协会（CIFA）

1992年，上海国际货运代理协会成立，这是我国第一个地方性的国际货运代理协会。2000年9月6日，中国国际货运代理协会（China International Freight Forwarders Association，CIFA）在北京宣告成立。CIFA是一个非营利性的全国性行业组织（见图1-2）。

图1-1　国际货运代理协会联合会（FIATA）图标　　图1-2　中国国际货运代理协会（CIFA）图标

六、国际货运代理的服务内容及服务对象

（一）国际货运代理的服务内容

国际货运代理通常是接受客户的委托完成货物运输的某一个环节或与此有关的各个环节，可直接或通过货运代理及其雇佣的其他代理机构为客户服务，也可以利用其海外代理人提供服务。其主要服务内容包括：

（1）代表发货人（出口商）选择运输路线、运输方式和适当的承运人；向选定的承运人提供揽货、订舱；提供货物并签发有关单证；研究信用证条款和所有政府的规定；包装、储存、称重和量尺码、安排保险；货物抵达港口后办理报关及单证手续，并将货物交给承运人；核算外汇交易、支付运费及其他费用；收取已签发的正本提单，并交付发货人；安排货物转运；通知收货人货物动态；记录货物灭失情况；协助收货人向有关责任方进行索赔。

（2）代表收货人（进口商）报告货物动态；接收和审核所有与运输有关的单据；提货和支付运费；安排报关和付税及其他费用；安排运输过程中的存仓；向收货人交付已结关的货物；协助收货人或分拨货物。

（3）作为多式联运经营人，收取货物并签发多式联运提单，承担承运人的风险责任，对货主提供一揽子的运输服务。在发达国家，由于货运代理发挥运输组织者的作用巨大，故有不少货运代理主要从事国际多式联运业务；而在发展中国家，由于交通基础设施较差，有关法规不健全以及货运代理的素质普遍不高，国际货运代理在作为多式联运经营人方面发挥的作用较小。

（4）其他服务，如根据客户的特殊需要进行监装、监卸、货物混装和集装箱拼箱运输咨询服务，特种货物挂装运输服务及海外展览运输服务等。

（二）国际货运代理的服务对象

从国际货运代理人的基本性质来看，货代主要是接受委托方的委托，就有关货物运输、装运、仓储、装卸等事宜，一方面与货物托运人订立运输合同，另一方面与运输部门签订合同。对货物托运人来说，货运代理是货物的承运人。相当一部分的货运代理人掌握各种运输工具和储存货物的库场，在经营其业务时办理包括海、陆、空在内的货物运输。

任务二　国际货运代理企业

一、国际货运代理企业的经营范围

根据《中华人民共和国国际货物运输代理业管理规定实施细则》第32条的规定，国际货运代理企业的经营范围包括以下几个方面：

（1）揽货、订舱（含租船、包机、包舱）、托运、仓储、包装；

（2）货物的监装、监卸、集装箱装拆箱、分拨、中转及相关的短途运输服务；

（3）报关、报检、报验、保险；

（4）缮制签发有关单证、交付运费、结算及交付杂费；

（5）国际展品、私人物品及过境货物运输代理；

（6）国际多式联运、集运（含集装箱拼箱）；

（7）国际快递（不含私人信函）；

（8）咨询及其他国际货运代理业务。

二、国际货运代理企业的业务内容

国际货运代理企业的业务内容因服务对象、服务类别、服务方式等可以划分为不同的方面，细分成不同的项目。国际货运代理企业的业务内容按照服务对象可以分为以下几个方面：

（一）作为货主的代理人提供的货运代理服务

1. 作为出口货物发货人的代理人

（1）查询与提供车次、船期、航班、运价信息，以及出口货物的报关、报检、报验、装运港、中转港、目的港装卸、运输规定。

（2）根据发货人的货物运输要求，选择运输路线、运输方式和适当的承运人，安排货物运输、转运，争取优惠运价，确认运费及其他相关费用。

（3）接受、审核发货人提供的货物运输资料、单证，提醒发货人准备货物进出口地所属国家或地区要求的货物运输文件、单证。

（4）代为填写、缮制货物运输单据，以备办理通关、报检、报验等出口手续。

（5）向选定的承运人租赁运输工具，洽订车辆、舱位。

（6）安排货物从发货人处或发货人指定的其他处所到货物起运车站、港口或机场的短途运输，将货物交付承运人或其代理人。

（7）办理出运货物的包装、仓储、称重、计量、检测、标记、刷唛、进站、进港、进场手续。

（8）办理出运货物的装箱、拼箱、理货、监装事宜。

（9）办理货物的运输保险手续。

（10）办理货物的通关、报检、报验等手续，支付有关费用。

（11）查询、掌握货物装载情况及运输工具离开车站、港口、机场时间，及时向委托人报告货物出运信息。

（12）向承运人或其代理人领取运单、提单及其他收货凭证，及时交给发货人或按其指示处理。

（13）向承运人，承运人的代理人，其他有关各方、各有关部门交付、结算运费、杂费、税金、政府规费等款项。

（14）联系承运人或其在货物起运地、目的地的代理人，掌握运输情况，监管运输过程，及时向发货人通报有关信息。

（15）记录货物的残损、短缺、灭失情况，收集有关证据，协助发货人向有关责任方、保险公司索赔。

（16）发货人委托办理的其他事项。

2. 作为进口货物收货人的代理人

（1）保持与承运人或其在货物运输目的地代理人的联系，随时查询，及时掌握货物动态货物运抵目的地的信息，及时通报收货人。

（2）保持与收货人的联系，接受、审核其提供的运输单据，协助其准备提货文件，办妥相关手续，做好提货、接货准备。

（3）向承运人、承运人的代理人及其他有关各方支付运费、杂费。

（4）办理货物的报关、纳税、结关、报检、报验手续，代为支付有关税金和费用。

（5）办理货物的提取、接收、拆箱、监卸、查验手续。

（6）安排货物的短倒、仓储、转运、分拨事宜。

（7）安排货物从卸货地到收货人处或其指定处的短途运输。

（8）向收货人或其指定的其他人交付货物及有关单据。

（9）针对收货人的残损、短缺、灭失情况，收集有关证据，协助收货人向有关责任方、保险公司索赔。

（10）收货人委托的其他事项。

（二）作为承运人的代理人提供的货运代理服务

1. 作为出口货物承运人的代理人

（1）回复托运人关于陆运车辆班次、海运船船期、空运飞机航班、运价、运输条件等相关事宜的查询。

（2）承揽货物，组织货载，接受托运人的包车、租船、包机、订车、订舱要求，与之洽谈，订车辆、船舶、飞机、舱位，签订运输合同。

（3）填写、缮制货物入仓、进站、进港、进场单据或集装箱、集装器放行单，安排货物入仓、进站、进港、进场或装箱。

（4）协助承运人或车站、码头、机场进行车辆、船舶、飞机配载，装车、装船、装机。

（5）审核车站、码头、场站汇总的货物清单，缮制货物出口运单、提单等单证，并向海关申报集装箱、集装器、货物情况。

（6）向航次租船的船舶承租人签发滞期或速遣通知。

（7）向托运人签发运单、提单，收取运费、杂费。

（8）办理货物、集装箱的中转手续。

（9）汇总出口货物运输单据，审核有关费用、税收，办理支付、结算手续。

（10）向委托人转交货物运输文件、资料，报告出口货载、用箱、费用、税收情况。

（11）向货物的目的地车站、港口、机场承运人代理货物运输文件，资料、传递运输信息。

（12）承运人委托的其他事项。

2. 作为进口货物承运人的代理人

（1）取得、整理、审核进口货物运输单据。

（2）向收货人或通知人传达货物到站、到港、运抵信息，通知其提货。

（3）填写、缮制进口货物运输单据，办理集装箱、集装器、货物进口申报手续。

（4）通知、协助车站、港口、机场安排卸货作业。

（5）安排集装箱的拆箱，货物的转运、查验、交接。

（6）收取运费、杂费及其他相关费用，办理放货手续。

（7）汇总进口货物运输单据，审核有关费用、税收，办理支付、结算手续。

（8）承运人委托的其他事项。

（三）作为独立经营人的代理人提供的货运服务

1. 以缔约承运人、无船承运人、多式联运经营人身份提供服务

国际货物运输代理企业以缔约承运人、无船承运人、多式联运经营人身份提供运输服务，其业务内容通常可以分为以下具体项目：

（1）在货物的起运地或其他地点与托运人或其代理人办理货物的交接手续，签发收

货凭证、提单、运单。

（2）确定运输方式、运输路线，与实际承运人、分包承运人签订货物运输合同。

（3）安排货物运输，跟踪监管货物运输过程。

（4）必要时，对装载货物的集装箱进行投保，对货物的运输投保承运人责任险。

（5）通知在货物转运地的代理人，与分包承运人进行联系，申办货物的过境、换装、转运手续，办理相关事宜。

（6）定期向发货人、收货人或其代理人发布货物位置、状况信息。

（7）在货主提出要求时，安排货物的中途停运。

（8）通知收货人或其代理人货物运抵目的地的时间，安排在货物运输目的地的代理人办理通知提货、交货手续。

（9）向货主或其代理人收取、结算运费、杂费。

（10）办理货物的索赔、理赔手续。

2. 以仓储保管人身份提供服务

（1）清点货物数量，检查货物包装和标志，与货主或运输人员办理货物交接手续。

（2）根据货主要求，代为检验货物品质。

（3）根据验收结果，办理货物入库手续。

（4）根据货物的性质、特点、保管要求，分区、分类按货位编号合理存放、堆码、苫垫。

（5）编制保管账卡，定期或根据临时需要进行盘点，做好盘点记录。

（6）妥善保管货物，及时保养、维护。

（7）根据货主要求，整理货物原件包装，进行零星货物的组配、分装。

（8）审核货主填制的提货单或调拨单等出货凭证，登入保管账卡。

（9）配货、包装、刷唛，集中到理货场所等待运输。

（10）复核货物出库凭证，向货主或承运人交付货物，核销储存货量。

3. 以专业顾问身份提供服务

（1）向客户提供有关法律、法规、规章、惯例和运输信息。

（2）就货物的运输路线、运输方式、运输方案提出意见和建议。

（3）就货物的包装与载货形式、方式、方法提出意见和建议。

（4）就货物的进出口通关、清关、领事、商品检验、动植物检疫、卫生检验要求提供咨询意见。

（5）就货物的运输单证和银行要求提出意见和建议。

（6）就货物的运输保险险种、保险范围等通关咨询意见。

（7）就货物的理赔、索赔提出意见和建议。

（8）客户提出咨询的其他事项。

三、国际货运代理企业的行为规范

（一）国际货运代理业务行为规范

国际货运代理企业不得将规定范围内的注册资本挪作他用，不得出借、出租或转让批准证书和国际货运运输代理业务单证；不得直接或变相转让国际货运代理经营权；不得允许其他单位、个人以该国际货运代理企业或其营业部名义从事国际货运代理业务；不得与不具有国际货运代理业务经营权的单位订立任何协议而使之可以单独或与之共同经营国际货运代理业务，以收取代理费、佣金或者获得其他利益；不得接受非法货运代理提供的货物，不得为非法货运代理代办订舱；不得以发布虚假广告、分享佣金、退返回扣或其他不正当竞争手段从事经营活动；禁止出借提单。

（二）无船承运业务行为规范

经营无船承运业务，不得有下列行为：

（1）以低于正常、合理水平的运价提供服务，妨碍公平竞争；

（2）在会计账簿之外暗中给予托运人回扣，承揽货物；

（3）滥用优势地位，以歧视性价格或者其他限制条件给交易对方造成损害；

（4）其他损害交易对方利益或者扰乱国际海上运输市场秩序的行为。

没有取得无船承运业务经营资格者，不得接受其他无船承运业务经营者委托，为其代理签发提单。任何单位和个人不得擅自使用无船承运业务经营者已经登记的提单。

（三）民用航空货物运输销售代理行为规范

民用航空运输销售代理人应当在获准的代理业务类别范围内，经营民用航空运输销售代理业务，在其营业地点公布各项营业收费标准，并将此标准报核，发空运销售代理业经营批准证书的民航行政主管部门或者民航地区行政管理机构备案。

（四）航空快递业务行为规范

航空快件专门接收站点所需作业通道以及作业、海关监管和安检场所的安排和建设，应当按照规定的程序报请有关部门批准。进港、出港的航空快件，应当通过该专门接收站点统一向航空承运人托运或者提取。

（五）多式联运业务行为规范

从事多式联运业务的企业使用的多式联运单据应当符合规定，载明货物名称、种类、件数、重量、尺寸、外表状况、包装形式，集装箱箱号、箱型、数量、封志号，危险货物、冷冻货物等特种货物的特性、注意事项，多式联运经营人名称和主要营业场所，托运人名称，多式联运单据标明的收货人，接收货物的日期、地点，交付货物的地点和约定的日期，多式联运经营人或其授权人的签字及单据的签发日期、地点，交接方式、运费的交付、约定的运达期限、货物中转地点等内容，并由多式联运经营人或其他代理人报交通运输部、铁道部登记，在单据右上角注明许可证编号。

多式联运经营人可以与有关各方签订协议，具体商定相互之间的责任、权利和义务及有关业务安排等事项，但是不得影响多式联运经营人对多式联运人全程运输承担的责任，法律、法规另有规定者除外。

（六）代理报关业务行为规范

1. 普通货物的代理报关

代理报关企业应当按海关规定聘用报关员，并对报关员的报关行为承担法律责任。代理报关企业只能接受有权进出口货物单位的委托，办理本企业承揽、承运货物的报关纳税等事宜，并在所在关区各口岸办理报关纳税等事宜。特殊情况，经所在地上级海关商异地海关同意，报海关总署核准，才能在异地办理报关业务。代理报关企业应当按照海关对进出口企业财务账册及营业报表的要求建立账册和报关营业的记录，真实、正确、完整地记录其受托办理报关纳税等事宜的所有活动。代理报关企业不得以任何形式出让其名义供他人办理进出口货物报关纳税等事宜。

2. 出入境快件的代理报关

出入境快件经营人应当在其所在地海关办公时间和专门监管场所内办理快件的报关和查验手续。如果需要在海关办公时间以外或专门监管场所以外进行，应当事先商得海关同意，可以要求海关派员驻场监管，但需商得海关同意，并向海关无偿提供必需的办公场所及必备的设施。

（七）代理出入境检验检疫报检业务行为规范

1. 普通货物的代理报检

代理报检单位在接受委托办理报检等相关事宜时，应当遵守有关出入境检验检疫法律、法规，并对代理报检各项内容的真实性、合法性负责，承担相应的法律责任。

2. 出入境快件的代理报检

经营出入境快件寄递业务的企业不得承运国家有关法律、法规规定禁止出入境的货物或物品，不得运递应当实施检验检疫而未经检验检疫，或者经检验检疫不合格的出入境快件。

（八）代理进出口商品报验行为规范

代理报验机构在经营过程中，必须遵守《中华人民共和国进出口商品检验法》、《中华人民共和国进出口商品检验法实施条例》及其他有关法律、法规，承担有关法律责任，禁止以任何欺诈行为招揽代理报验业务，不得出借其名义供他人办理代理报验业务。

四、国际货运代理企业的民事法律地位

（一）国际货运代理企业民事法律地位的含义

国际货运代理企业的民事法律地位，是指国际货运代理企业在从事业务经营活动时与委托人发生的民事法律地位。

（二）国际货运代理企业民事法律地位的确定

国际货运代理企业在具体业务活动中的民事法律地位，取决于可适用的法律、法规规定，取决于业务活动的具体事实，需要根据有关法律、法规规定，结合当事人之间的合同、协议、往来文电、运输单据、收支凭证及其他有关情况，综合各种相关因素来确定。

（三）国际货运代理企业作为代理人的民事法律地位

国际货运代理企业作为代理人，与委托人之间形成的委托代理关系的法律地位通常表现在以下几个方面：

1. 国际货运代理企业的权利

一般来讲，国际货运代理企业享有以下权利：

（1）以委托人名义处理委托事务的权利；

（2）在委托人授权范围内自主处理委托事务的权利；

（3）要求委托人提交待运货物和相关运输单证、文件资料的权利；

（4）要求委托人预付、偿还处理委托事务费用的权利；

（5）要求委托人支付服务报酬的权利；

（6）要求委托人承受代理行为后果的权利；

（7）要求委托人赔偿损失的权利；

（8）解除委托代理合同的权利。

2. 国际货运代理企业的义务

一般来讲，国际货运代理企业负有以下义务：

（1）按照委托人的指示处理委托事务的义务；

（2）亲自处理委托人委托事务的义务；

（3）按照诚实信用原则办理委托事务的义务；

（4）向委托人报告委托事务处理情况的义务；

（5）披露委托人、第三人的义务；

（6）向委托人转交财产的义务；

（7）继续处理委托事务的义务；

（8）协助、保密义务。

3. 国际货运代理企业的民事法律责任

根据《中华人民共和国民法通则》（以下简称《民法通则》）、《中华人民共和国合同法》（以下简称《合同法》）的有关规定，代理人有下列情形之一的，要承担相应的法律责任：

（1）因过错而给委托人造成损失的；

（2）与第三方串通损害委托人利益的；

（3）明知委托事项违法仍予代理的；

（4）擅自将委托事项转委托他人代理的；

（5）从事无权代理行为的。

4. 国际货运代理企业作为独立经营人的民事法律地位

国际货运代理企业作为独立经营人从事业务活动，应当根据《合同法》、《海商法》、《中华人民共和国民用航空法》（以下简称《民用航空法》）、《中华人民共和国国际海运条例》（以下简称《海运条例》）等法律、法规有关运输合同、仓储合同、承揽合同等的规定和《国际货物运输代理业管理规定》、《国际货物运输代理业管理规定实施细则》有关国际货运代理企业作为独立经营人的特殊规定，行使权利，履行义务，承担责任。

5. 国际货运代理企业作为混合经营人的法律地位

国际货运代理企业作为混合经营人身份从事业务活动，是指国际货运代理企业在同一项业务的不同阶段、不同环节，具有不同的身份，有时作为代理人，有时作为承运人，有时又作为仓储保管人或其他独立独立经营人，根据客户要求提供综合性的服务。国际货运代理企业以混合经营人身份从事业务活动时，在不同的业务阶段、业务环节具有不同的身份，处于不同的法律地位，享有不同的权利，承担不同的义务和责任，应当结合其行为的性质、活动的身份等因素和业务实际情况，按照适用于国际货运代理企业相应行为的法律规范，综合确定其应当享受的权利、履行的义务、承担的责任，判断其法律地位。

【项目小结】

　　本项目介绍了国际货运代理的基本概念、国际货运代理与国际物流的关系、国际货运代理的性质和作用等，讲解了国际货运代理企业的经营范围、国际货运代理企业的业务内容、国际货运代理行业的行为规范、国际货运代理企业的民事法律地位。

【思考与练习】

一、单项选择题

　　1. 交通运输部门是货物运输工作中的（　　　）。
　　　　A. 托运人　　　　　　B. 收货人　　　　　　C. 中间人　　　　　　D. 承运人
　　2. 国际贸易中最重要的运输方式是（　　　）。
　　　　A. 国际公路运输　　　B. 国际海洋运输　　　C. 国际管道运输　　　D. 国际铁路运输
　　3. 货运代理人是货物运输工作中的（　　　）。
　　　　A. 托运人　　　　　　B. 承运人　　　　　　C. 中间人　　　　　　D. 收货人
　　4. 以船舶为商业活动对象而进行船舶租赁业务的人称为（　　　）。
　　　　A. 咨询代理　　　　　B. 货运代理　　　　　C. 船务代理　　　　　D. 租船代理
　　5. 按照国际惯例，支付租船代理佣金的是（　　　）。
　　　　A. 托运人　　　　　　B. 出口方　　　　　　C. 船东　　　　　　　D. 代理人

二、多项选择题

　　1. 国际货物运输的特点是（　　　）。
　　　　A. 线长面广　　　　　B. 中间环节多　　　　C. 情况复杂多变　　　D. 风险大
　　　　E. 风险小
　　2. 在实际业务中，我们应根据（　　　）审慎选用合理的运输方式。
　　　　A. 货物特征　　　　　B. 运量大小　　　　　C. 距离远近　　　　　D. 运费高低
　　　　E. 风险程度
　　3. 国际货物运输组织有以下当事人：（　　　）。
　　　　A. 交通运输部门　　　B. 进出口商　　　　　C. 海关　　　　　　　D. 货运代理人
　　　　E. 商务部
　　4. 按照代理业务的性质和范围不同，代理行为主要包括（　　　）。
　　　　A. 租船代理　　　　　B. 船务代理　　　　　C. 货运代理　　　　　D. 咨询代理
　　　　E. 航空代理
　　5. 船务代理的业务范围包括以下哪几项？（　　　）
　　　　A. 船舶进港业务　　　B. 货运业务　　　　　C. 淡水、物料供应　　D. 船员登岸手续
　　　　E. 报关、报检

三、简答题

　　1. 国际货运代理的主要作用是什么？
　　2. 主要的国际货运代理组织有哪些？
　　3. 国际货运代理企业的主要业务内容有哪些？

项目二　国际贸易基础知识

☞学习目标

教学目的：掌握常用的国际贸易术语；掌握国际贸易结算方式与工具；掌握海运、空运、陆运方式下的货物运输风险与保险险种。

教学重难点：国际贸易术语；信用证业务流程。

教学课时：6 学时。

【导入案例】

今年毕业的大学生小李应聘到某物流集团国际货运代理公司工作。报到后，公司并没有安排小李直接到职能部门实习，而是安排他首先来到人力资源部培训组，接受国际贸易基础知识培训。人力资源部经理告诉小李：国际贸易是指不同国家（或地区）之间进行的商品交换活动，是各国之间分工的表现形式，它反映了世界各国在经济上的相互共存关系。在经济领域，国际贸易跟国际物流是紧密联系的，其中，国际贸易是本源需求，国际物流是派生需求，所以，国际贸易是国际物流的基础，但国际物流又是国际贸易的保证，二者相辅相成。因此，要想实现国际物流安全、高效、低成本地完成，我们非常有必要学习一些基础的国际贸易知识。也就是说，要做好国际货代工作，国际贸易基础知识是极其重要的基本功。所以，小李要先接受相关的培训，主要学习内容是国际贸易术语、国际贸易结算方式和常用工具、国际货运保险相关知识。

任务一　国际贸易术语

一、《国际贸易术语解释通则》

国际贸易中，买卖双方往往距离遥远，因此在货物交接过程中会涉及许多问题，如卖方以何种方式交货，由哪一方负责办理货物的保险、通关、运输等。如果每笔交易买卖双方都要针对上述事项进行详尽的商谈，在国际贸易开展得如火如荼的现代商业社会，买卖双方必将耗费大量无谓的时间、精力与费用。解决这些问题的有效方法就是采用各种贸易术语。

贸易术语又称价格术语或价格条件，它是用一个简单的概念或英文缩写字母来表示价

13

格的构成以及买卖双方在货物交接过程中，有关手续、费用和风险的责任划分。《国际贸易术语解释通则》（International Rules for the Interpretation of Trade Terms，INCOTERMS）是国际商会为统一各种贸易术语的不同解释于 1936 年制定的，随后，为适应国际贸易实践发展的需要，国际商会先后于 1953 年、1967 年、1976 年、1980 年、1990 年、2000 年和 2010 年进行过多次修订和补充。

　　《国际贸易术语解释通则（2010）》（简称《INCOTERMS 2010》）将贸易术语划分为适用于各种运输的 CIP、CPT、DAP、DAT、DDP、EXW、FCA 和只适用于海运和内水运输的 CFR、CIF、FAS、FOB，并将术语的适用范围扩大到国内贸易中，赋予电子单据与书面单据同样的效力，增加对出口国安检的义务分配，要求双方明确交货位置，将承运人定义为缔约承运人，这些都在很大程度上反映了国际货物贸易的实践要求，并进一步与《联合国国际货物销售合同公约》及《鹿特丹规则》衔接。《INCOTERMS 2010》将贸易术语分为 11 种，每一术语订明买卖双方应尽的义务，以供商人自由采用。这 11 种贸易术语如表 2-1 所示：

表 2-1　　　　　　　　　　　《INCOTERMS 2010》中的贸易术语

组别	名称	英文名称	中文名称
E 组 （启运）	EXW	Ex Works	工厂交货
F 组 （主运费未付）	FCA	Free Carrier	货交承运人
	FAS	Free Alongside Ship	装运港船边交货
	FOB	Free on Board	装运港船上交货
C 组 （主运费已付）	CFR	Cost and Freight	成本加运费
	CIF	Cost Insurance and Freight	成本加保险费、运费
	CPT	Carriage Paid to	运费付至
	CIP	Carriage and Insurance to	运费保险费付至
D 组 （到达）	DAP	Delivered at Place	目的地交货
	DAT	Delivered at Terminal	运输终端交货
	DDP	Delivered Duty Paid	完税后交货

二、常用贸易术语

　　在国际贸易实践中，常用的贸易术语有 FOB、CFR、CIF、FCA、CPT、CIP，本书主要介绍这六种常用贸易术语。

（一）FOB

　　FOB（Free on Board）即装运港船边交货，是指当货物在指定装运港越过船舷时，卖方即完成交货，买方必须自该交货点起负担一些费用和货物灭失或损坏的风险。该贸易术语只适用于海运和内河运输。

1. 卖方的基本义务

（1）负责办理出口结关手续，并负担货物到装运港船舷为止的一切费用与风险。

（2）负责在约定的装运期和装运港，按港口惯常办法，把货物装到买方指定的船上，并向买方发出已装船的通知。

（3）向买方提交约定的各项单证或具有同等作用的电子信息。

2. 买方的基本义务

（1）按时租妥船舶开往约定的装运港以接运货物，支付运费，并将船名、装货地点和要求交货的时间及时通知给卖方。

（2）承担货物越过装运港船舷时起的各种费用以及货物灭失或损坏的一切风险。

（3）按合同规定，受领货物并支付货款。

（二）CFR

CFR（Cost and Freight）即成本加运费，是指当货物在指定装运港越过船舷时，卖方即完成交货。卖方必须支付将货物运至指定目的港所需的费用和运费，但交货后货物灭失或损坏的风险，以及由于发生事故而引起的任何额外的费用，由卖方转移至买方。该贸易术语只适用于海运和内河运输。

1. 卖方的基本义务

（1）提供合同规定的货物，负责租船订舱和支付运费，按时在装运港装船，并于装船后向买方发出已装船的充分通知。

（2）办理出口结关手续，并承担货物在装运港到达船舷为止的一切风险和在装运港将货物交至船上的费用。

（3）按合同规定提供有关单证或同等的电子信息。

2. 买方的基本义务

（1）承担货物在装运港越过船舷时起的货物灭失或损坏的风险以及由于货物装船后发生事件所引起的额外费用。

（2）在合同规定的时间和目的港受领货物，并办理进口结关手续和交纳进口税。

（3）受领卖方提供的各项单证，并按合同规定支付货款。

（三）CIF

CIF（Cost Insurance and Freight）即成本加保险费、运费，是指当货物在指定装运港越过船舷时，卖方即完成交货。卖方必须支付将货物运至指定目的港所需的费用和运费，但交货后货物灭失或损坏的风险，以及由于发生事件而引起的任何额外的费用，由卖方转移至买方。在 CIF 术语下，卖方还必须为货物在运输中灭失或损坏的买方风险取得海上保险，订立保险合同，并支付保险费。该贸易术语只适用于海运和内河运输。

1. 卖方的基本义务

（1）负责在合同规定的日期或期限内，在装运港将符合合同的货物交至运往指定目的港的船上，并在装船后及时通知买方。

（2）承担货物在装运港越过船舷为止的一切费用和风险。

（3）负责办理货物的出口手续，取得出口许可证或其他证书。

（4）负责租船或订舱，并支付至目的港的运费。

（5）负责办理货物运输保险，支付保险费。

（6）负责提供商业发票、保险单和货物运往目的港的运输单据。如果买卖双方约定采用电子通信，则所有的单据可被具有同等效力的电子数据信息所替代。

2. 买方的基本义务

（1）负责办理货物进口手续，取得进口许可证或其他核准书。

（2）承担货物在装运港越过船舷后的一切费用和风险。

（3）接收卖方按合同规定支付的货物，接收与合同相符的单据。

（四）FCA

FCA（Free Carrier）即货交承运人，是指卖方在指定地点将经出口清关的货物交给买方指定的承运人，即完成了交货。承运人如在卖方所在处所，卖方负责装货；如在任何其他地方交货，卖方不负责卸货。该贸易术语适用于各种形式的运输。

1. 卖方的基本义务

（1）办理出口结关手续，在指定地点按约定日期将货物交给买主指定的承运人，并给予买方货物已交付的充分通知。

（2）承担货物交给承运人以前的一切费用和风险。

（3）向买方提供约定的单据或相等的电子信息。

2. 买方的基本义务

（1）自行负担费用，订立自指定地点承运货物的合同，并将承运人名称及时通知卖方。

（2）从卖方交付货物时起，承担货物灭失或损坏的一切风险。

（3）按合同规定受领交货凭证或相等的电子信息，并按合同规定支付货款。

按 FCA 术语成交，本应由买方自行负担费用，订立从指定地点承运货物的合同，并指定承运人，卖方并无订立运输合同的义务，但若根据国际贸易惯例，当卖方被要求协助与承运人订立合同（如铁路或航空运输）时，只要买方承担费用和风险，卖方也可以办理，当然，卖方也可以拒绝订立运输合同，如若拒绝，则应立即通知买方，以便买方另作安排。

（五）CPT

CPT（Carriage Paid to）即运费付至（……指定目的地），是指当货物已被交给由买方指定的承运人时，卖方即完成了交货。交货后，货物灭失或损坏的风险，以及由于发生事件而引起的一切额外费用，即从卖方转移至买方，卖方还必须支付将货物运至指定目的地所需的费用。该贸易术语适用于各种形式的运输。

1. 卖方的基本义务

（1）办理出口结关手续，负责订立运输合同，将货物运至指定目的地约定的地点，并给予买方货物已交付的充分通知。

（2）承担货物交给承运人以前的一切费用和货物灭失与损坏的一切风险，以及装货费和从装运地至目的地的通常运费。

（3）向买方提供约定的单证或相等的电子信息。

2. 买方的基本义务

（1）从卖方交付货物时起，承担货物灭失和损坏的一切风险项费用及卸货费。

（2）支付除通常运费之外的有关货物在运输途中所产生的各项费用及卸货费。

（3）在目的地从承运人那里受领货物，并按合同规定受领单据和支付货款。

（六）CIP

CIP（Carriage and Insurance to）即运费、保险费付至（……指定目的地），是指卖方除了承担在 CPT 术语下同样的义务外，还须对货物在运输途中灭失或损坏的卖方风险取得货物保险，订立保险合同，并支付保险费。该术语适合各种形式的运输。

1. 卖方的基本义务

（1）办理出口结关手续，自费订立运输合同和保险合同，按期将货物交给承运人，以运至指定目的地，并向买方发出货物已交付的充分通知。

（2）承担货物交付承运人以前的一切费用和货物灭失与损坏的一切风险。

（3）向买方提交约定的单证或相等的电子信息。

2. 买方的基本义务

（1）从卖方交付货物时起，承担货物灭失和损坏的一切风险。

（2）支付除通常运之外的有关货物在运输途中所产生的各项费用和卸货费用。

（3）在目的地从承运人那里受领货物，并按合同规定受领单据和支付货款。

任务二　国际贸易结算

国际贸易结算是指由国际贸易引起的国际间货币收付活动。本任务就从事国际货代业务需要了解的支付工具、支付方式进行简单的介绍。

一、支付工具

在国际贸易中，现金结算在结算总额中仅占极小的比重，而且仅限于小额交易，货款的收付大多使用非现金结算，即使用代替现金作为流通手段和支付手段的信贷工具来结算国际间的债券债务。票据是国际通行的结算和信贷工具，是可以流通和转让的债权凭证。国际贸易中使用的票据主要有汇票、本票和支票，其中以汇票使用最为广泛，后两者使用较少。

（一）汇票

1. 汇票的概念

汇票（Bill of Exchange，Draft）是指由出票人签发的，要求付款人即期或定期或在可以确定的将来时间支付的一定金额给收款人或其指定人或持票人的无条件的书面支付委托。汇票一式两联，"付一不付二，付二不付一"，即只要其中一联付款，另一联自动失效。

汇票一般包括以下内容：

（1）出票人（Drawer），指开出汇票的人；

（2）受票人（Drawee），指汇票的付款人；

（3）受款人（Payee），指受领汇票所规定金额的人；

（4）出票日期和地点；

17

（5）付款期限和地点；

（6）金额；

（7）汇票上须有"汇票"字样；

（8）出票依据。

2. 汇票的种类

（1）按是否附有货运单据，可分为光票和跟单汇票。

光票（Clean Bill）是不附带货运单据的汇票。光票的流通完全依靠当事人的信用，即完全看出票人、付款人或背书人的资信。在国际贸易中，对少量货运，或收取保险费、运费等其他费用，可采用光票向对方收款。

跟单汇票（Documentary Bill）是附带提单、发票、保险单等货运单据的汇票，以承兑或付款作为交付单据的条件。在使用跟单汇票收汇时，买方必须在付清货款或保证按时付款的条件下，才能取得汇票所随附货运单据。除了有当事人的信用外，还有货物的保证，因此，在国际贸易中，这种汇票使用较为广泛。

（2）按付款时间，可分为即期汇票和远期汇票。

即期汇票（Sight Bill）是受票人在收到提示或见票时立即付款的汇票。

远期汇票（Time Bill, Usance Bill）是在一定期限或特定日期付款的汇票。

（3）按出票人不同，可分为商业汇票和银行汇票。

商业汇票（Trade Bill）的出票人是商号、企业或个人，付款人可以是商号、个人，也可以是银行。在国际贸易结算中，出口商用逆汇法（即债权人主动向债务人索取货款），向国外进口商收取货款并签发的汇票，即属商业汇票。

银行汇票（Banker's Bill）的出票人和付款人都是银行。银行汇票由银行签发后，交汇款人，由汇款人寄交国外收款人向付款行取款，此种汇款方式称为顺汇法（即债务人主动将货款汇给债权人）。

（4）按承兑人的不同，分为商业承兑汇票和银行承兑汇票。

商业承兑汇票（Trader's Acceptance Bill）是由商号、企业或个人出票而以另一个商号、企业或个人为付款人，并经付款人承兑后的远期汇票。商业承兑汇票建立在商业信用基础上。

银行承兑汇票（Banker's Acceptance Bill）是由银行承兑的远期汇票，它建立在银行信用基础上。所以银行承兑汇票比商业承兑汇票更易于被人们所接受，并且能在市场上流通。

同一张汇票根据不同的划分标准，往往可以同时具备几种性质。如一张远期的商业跟单汇票，同时也可以是银行承兑汇票。

（二）本票

本票（Promissory Note）是一个人向另一个人签发的，保证即期或定期或在可以确定的将来的时间，对某人或其指定人或持票人支付一定金额的无条件书面承诺。《中华人民共和国票据法》（以下简称《票据法》）第73条规定本票的定义是："本票是由出票人签发的，承诺自己在见票时无条件支付确定的金额给收款人或者持票人的票据。"从定义中可得知，本票的基本当事人只有两个，即出票人和收款人，出票人本身也是付款人。本票的信用完全建立在收款人对出票人的信任基础上，没有第三者的任何担保。

（三）支票

我国《票据法》将支票（Cheque，Check）定义为："支票是出票人签发的，委托办理支票存款业务的银行或者其他金融机构在见票时无条件支付确定的金额给收款人或者持票人的票据。"从以上定义可知，支票是以银行为付款人的即期汇票，可以看做汇票的特例。开立支票存款账户和领用支票，必须有可靠的资信，并存入一定的资金。支票出票人签发的支票金额，不得超出其在付款人处的存款金额。如果存款金额低于支票金额，这种支票称为空头支票，银行将拒付，签发空头支票也是被各国法律禁止的。

支票可分为现金支票和转账支票。支票一经背书即可流通转让，具有通货作用，成为替代货币发挥流通手段和支付手段职能的信用流通工具。运用支票进行货币结算，可以减少现金的流通量，节约货币流通费用。

二、支付方式

国际贸易中使用的支付方式基本上有三种，即汇付、托收和信用证。其中汇付和托收属于商业信用，信用证属于银行信用。汇付属于顺汇法，即债务人主动将货款汇给债权人，托收与信用证属于逆汇法，即债权人主动向债务人索取货款。

（一）汇付

汇付（Remittance）又称汇款，是最简单的国际货款结算方式，这种支付方式涉及四个基本当事人：汇款人、汇出行、汇入行和受款人。根据汇出行向汇入行发出汇款委托方式的不同，汇付可分为电汇、信汇和票汇。

电汇（Telegraphic Transfer，T/T）是汇款人将一定金额的汇款及汇付手续费付给当地一家银行（汇出行），要求该银行用电传或电报通知其国外受款人所在地的分支行或代理行（汇入行）将汇款付给受款人。现在汇付绝大多数采用此种方式。这种方式的优点是交款快捷，缺点是电讯费用比较高。

信汇（Mail Transfer，M/T）是汇款人将汇款及手续费交付给汇款地的一家银行（汇出行），该银行开具付款委托书，以航空方式邮寄给收款人所在地的银行（汇入行），将货款付给受款人。这种汇付方法，需要的时间较长，优点是费用较为低廉。

票汇（Demand Draft，D/D）是汇款人向其汇出行购买银行即期汇票，并直接寄给受款人，受款人收到该汇票即可向指定的付款银行取款。票汇并不仅限于银行汇票，使用本票、支票也可以。

汇付的缺点是风险大、资金负担不平衡。因为以汇付方式结算，可以是货到付款，也可以是预付货款。不论哪一种方式，风险和资金负担都集中在某一方。在我国外贸实践中，汇付一般只用来支付订金货款尾数、佣金等项费用，不是一种主要的结算方式。在发达国家之间，由于大量的贸易是跨国公司的内部交易，而且外贸企业在国外有可靠的贸易伙伴和销售网络和销售伙伴，因此，汇付是主要的结算方式。

（二）托收

托收是国际结算中常见的一种方式，属于逆汇法，是指债权人出具汇票委托银行向债务人收取货款的一种支付方式。托收方式的基本当事人有四个，即委托人、托收行、代收行和付款人。托收的性质为商业信用，银行办理托收业务时，既没有检查货运单据正确与否或是否完整的义务，也不必承担付款人必须付款的责任。托收虽然是通过银行办理，但银行只是作为出口方的受托人行事，进口方不付款与银行无关，所以进口方存在不支付货款的可能性。出口方收款的保障取决于进口方的信用，因此，出口方在选择托收方式结算时，前提条件是买卖双方相互信任。

（三）信用证

信用证是指银行应开证申请人（进口商）要求开给信用证受益人（出口商）的一份有条件的书面付款承诺。信用证是目前国际贸易结算中使用最广泛、最为重要的一种结算方式，它既属于逆汇法，也属于银行信用，它比托收及汇付（预付除外）等以商业信用为基础的支付方式更安全可靠。开证行出具信用证时一般为信开，必要时也可电开。

1. 信用证的特点

（1）信用证是银行信用，是银行的一种担保文件，开证银行对支付负首要付款的责任。

（2）信用证是一项自足文件。信用证虽然是以买卖双方签订的贸易合同为基础，但信用证并不依附于买卖合同，它一经开出，就成为独立于买卖合同以外的另一种契约。银行在审单时强调的是信用证与基础贸易相分离的书面形式上的认证。

（3）信用证方式是纯单据业务。在信用证支付方式下，实行的是凭单付款的原则，不以货物为准。只要单据相符，开证行就应无条件付款。但同时也实行"严格符合原则"，即受益人提交的单据要做到"单证一致"和"单单一致"。

2. 信用证的当事人

信用证的三个基本当事人是：开证申请人、受益人、开证行。此外，还有其他相关关系人：通知行、付款行、偿付行、承兑行。但并非每份信用证都会涉及所有关系人，有的信用证没有保兑行或偿付行。各个当事人的职能如下：

（1）开证申请人（Applicant）：向开证行申请开立信用证的人，一般是进口商，又称开证人（Opener）。

（2）开证行（Opening Bank, Issuing bank）：接受开证申请人的委托，开立信用证的银行，它承担按信用证规定条件保证付款的责任。

（3）受益人（Beneficiary）：信用证上所指定的有权使用该证的人，一般为出口商。

（4）议付行（Negotiating Bank）：愿意买入或贴现受益人跟单汇票和单据的银行。

（5）通知行（Advising Bank）：受开证行的委托，将信用证转交出口人的银行。它只证明信用证的真实性，不承担其他义务。

（6）付款行（Paying Bank）：一般为开证行，也可以是开证行所指定的银行。无论汇票的付款人是谁，开证行必须对提交了符合信用证要求的单据的出口人履行付款的责任。

（7）保兑行（Confirming Bank）：应开证行或受益人的申请在信用证上加批保证兑付的银行，它和开证行处于相同的地位，即对于汇票（有时无汇票）承担不可撤销的付款责任。

（8）偿付行（Reimbursement Bank）：又称清算银行（Clearing Bank），接受开证银行在信用证中委托代开证行偿还垫款的第三国银行。

3. 信用证的主要内容与格式

信用证的主要内容包括：

（1）开证行名称；

（2）信用证类型和号码；

（3）开证地点和日期；

（4）有效日期和交单地点；

（5）开证申请人和受益人名称、地址；

（6）通知行；

（7）信用证金额；

（8）信用证的有效期及到期地点；

（9）应提交的单据，信用证对单据的要求不尽相同，主要有发票、提单、保险单、产地证、装箱证、重量单等；

（10）装运货物的品名、规格、数量、包装、价格等；

（11）装运条款，包括装运地、目的港、装运期、能否分批及转运等；

（12）信用证的页数。

目前信用证的格式主要都是用 SWIFT 电文。SWIFT 又称"环球同业银行金融电讯协会"（Society for World Wide Interbank Financial Telecommunications），是国际银行同业间的国际合作组织，成立于 1973 年，目前全球大多数国家大多数银行已使用 SWIFT 系统。SWIFT 为银行的结算提供了安全、可靠、快捷、标准化、自动化的通信业务，从而大大提高了银行的结算速度。SWIFT 电文的格式具有标准化的特点。

4.信用证支付的业务流程

在国际贸易结算中使用的跟单信用证有不同的类型，成交的贸易术语也不尽相同，造成信用证业务程序也各有特点，但都要经过申请开证、通知、交单、付款、赎单这几个基本环节。图 2-1 为信用证支付的业务流程：

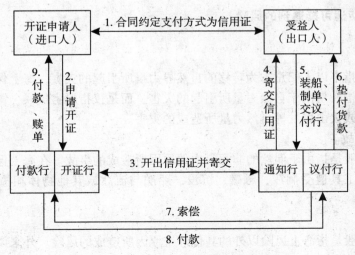

图 2-1　信用证支付的业务流程

（1）进出口商订立买卖合同，约定采用信用证方式支付；

（2）进口商（开证申请人）以开证申请书的形式向当地银行（开证行）申请开立信用证，缴纳押金和手续费；

（3）开证行依据开证申请书的内容开立信用证，并寄交受益人所在地银行（通知行）；

（4）通知行审核信用证的真实性后，将信用证转交给出口商（受益人）；

（5）出口商审核信用证无误后，按信用证的规定安排装运，并开出跟单汇票。在信用证有效期内，向议付行议付；

（6）议付行审单无误后，扣除利息与手续费，并将余款垫付给出口商；

（7）议付行向开证行寄交跟单汇票进行索偿；

（8）开证行审核单据无误后，付款给议付行；

（9）开证行向开证申请人发出通知，开证申请人审单无误后向开证行付款，取回全套单据。

在国际贸易中，采用信用证支付方式，对买方来说，可以保证按期取得货物，减少资金占用，加速资金周转；对卖方来说，提供了信用保证，卖方只要向银行提交符合信用证规定的单据，收取货款就有了保障。

任务三　国际货运保险

国际货物运输与保险是对外贸易不可缺少的组成部分，在国际货物运输中，对于被保险人来说，掌握货物的投保技术，熟悉各种险种的承保范围以及在保险标的物发生损失时如何办理索赔手续，这在整个保险实务业务中都是十分必要的。

一、海上运输货物保险

（一）海上货运可能遇到的风险

1. 海上风险

（1）自然灾害。

自然灾害是指不以人们意志为转移的自然界力量所引起的灾害。海上保险业务中的自然灾害并不是泛指一切由于自然力量所引起的灾害，而是仅指恶劣气候、雷电、海啸、地震、洪水、流冰或火山爆发等自然力量所造成的灾害。

（2）意外事故。

意外事故一般是指由于偶然的非意料中的原因所造成的事故。在海上保险业务中，意外事故仅指运输工具遭受搁浅、触礁、沉没、船舶与流冰或其他物体相撞以及失踪、失火、爆炸等。

2. 外来风险

外来风险一般是指海上风险以外的其他外来原因所造成的风险。外来风险可分为一般外来风险和特殊外来风险两种。

（1）一般外来风险。

一般外来风险是指被保障货物在运输途中由于偷窃、短量、雨淋、沾污、渗漏、破碎、钩损、锈损、受热、受潮、串味等外来原因所造成的风险。

（2）特殊外来风险。

特殊外来风险是指由于军事、政治、国家政策法令以及行政措施等特殊外来原因所造成的风险。如因战争、罢工、船舶在中途被扣留而导致交货不到，以及货物被有关当局拒绝进口或没收等风险。

（二）海上货运可能遭受的损失

货物在海上运输中一旦遭受到风险，就可能会造成货物的损失。货物在海洋运输中，因遭受海上风险而造成的损失，在保险业务中被称为海损或者海上损失。而货物在海上运输中可能遭受到的一般外来风险或特殊外来风险所导致的损失，在保险业务中则被称为其他损失。海上损失按其损失程度的不同，可分为全部损失和部分损失。

1. 全部海损

全部海损是指货物遇到海上风险后完全灭失或完全失去本身的价值，不值得进行修复。全部海损按其损失的情况不同又可分为实际全损和推定全损两种。

（1）实际全损（Actual Total Loss）。

实际全损是指被保险货物完全灭失或完全变质，或者货物实际上已不可能归还保险人。

（2）推定全损（Constructive Total Loss）。

推定全损是指货物发生保险事故后，认为实际全损已经不可避免，或者为避免发生实际全损所需支付的费用与继续将货物运抵目的地的费用之和超过保险价值的，称为推定全损。

2. 部分海损

部分海损是指被保险货物的损失没有达到全部损失的程度。部分海损分为共同海损和单独海损两种情况。

（1）共同海损（General Average，G. A. ）。

共同海损是指载货的船舶在海上遭到灾害、事故，威胁到船、货等各方的共同安全，为了解除这种威胁，维护船货的安全，或者使航程得以继续完成，由船方有意识地、合理地采取措施，所做出的某些特殊牺牲或支出某些额外费用。这些损失和费用叫共同海损，由各利益关系人负担。

构成共同海损必须具备如下条件：其一，导致共同海损的危险首先必须是真实存在的或者是不可避免的，而非主观臆测的；其二，必须是自动地、有意识地采取的合理措施；其三，必须是为船、货共同安全而采取的措施。

（2）单独海损（Particular Average，P. A. ）。

单独海损是指不属于共同海损的货物损失，是由承保范围内的风险所直接导致的船舶或货物的部分损失。该损失由受损者单独负担。

单独海损是相对于共同海损而言，虽也是一种部分损失，却纯粹是意外事故所造成的，并无人为因素在内；造成的损失也仅涉及船舶或货物所有人的自身利益。

（三）海上费用

海上费用是指保险人即保险公司承保的费用。保险公司所赔偿的海上费用包括施救费和救助费两种。

1. 施救费用（Sue and Labour Expenses）

施救费用是指被保险货物在遭受保险责任范围内的灾害事故时，被保险人或船方或其他有关人员为避免和减少损失，采取各种措施而支付的合理费用。这种费用属于施救费用的支出。

按照保险的惯例，货物受到损失后，能够掌管货物的有关人员采取各项合理的措施，抢救、保护货物，这是保险人的责任。

2. 救助费用（Salvage Charge）

救助费用是指当被保险货物在遭遇承保范围内的灾害事故时，由被保险人以外的第三者采取救助措施，被保险人向其支付的费用。

保险人对上述费用都负责赔偿，但以总和不超过保险金额为限。

（四）我国海洋运输货物保险的险别

我国进出口货物运输主要通过中国人民保险公司进行保险。中国人民保险公司所使用的保险规则称《中国保险条款》（CIC）。其中关于海洋运输货物保险的规则是《海洋运输货物保险条款》和《海洋运输货物战争险条款》。

海洋货物运输保险分为三种基本险和两种附加险。基本险是保险业务的主要内容，投保人应从基本险中选择一种进行投保。附加险是投保人在选择一种基本险之后根据具体情况加保的一种险种，不能单独投保。

1. 基本险

基本险包括平安险、水渍险和一切险三种。

（1）平安险（Free from Particular Average, F. P. A.）。

平安险的责任范围包括：

1）被保险货物在运输过程中，由于恶劣气候、雷电、海啸、地震、洪水等自然灾害造成整批货物的全部损失；由于海上意外事故给货物造成的全部损失或部分损失。

2）被保险货物遭遇海上意外事故后，又受到自然灾害的袭击所导致的部分损失。

3）货物在装卸或转运时一件或数件落海所造成的全部损失或部分损失。

4）共同海损的牺牲、分摊和救助费用。

5）不超过保险金额的对被保险货物进行施救的费用。

6）船舶遭遇海难以后，在避难港卸货造成的损失和有关费用。

7）运输契约订有"船舶互撞责任"条款，根据该条款规定应由货方偿还船方的损失。

（2）水渍险（With Particular Average, W. P. A.）。

水渍险的责任范围除包括"平安险"的各项责任外，还负责被保险货物由于自然灾害所造成的部分损失。

（3）一切险（All Risks, A. R.）。

一切险的责任范围包括：

1）平安险和水渍险所涉及的各项责任。

24

2）被保险货物在运输过程中由于一般外来风险造成的全部损失和部分损失。

由上可知，一切险的承保范围是平安险、水渍险和一般附加险的总和。由于一切险的承保范围是三种基本险别中最广泛的一种，因而比较适宜价值较高、可能遭受损失因素较多的货物投保。

三种基本险别承保责任的起讫，均采用"仓至仓条款"（Warehouse to Warehouse，W/W）。即保险责任是指从被保险货物的保险单所载明的起运港（地）发货人仓库开始，直至货物到达保险单所载明的目的港（地）收货人的仓库为止。但是，按惯例当货物从目的港卸离海轮时起算满 60 天，不论保险货物有没有进入收货人的仓库，保险责任均告终止。

2. 附加险

附加险也是保险人的一种赔偿责任，包括一般附加险和特殊附加险两种。

（1）一般附加险。

一般附加险是指保险人对由于一般外来风险引起的被保险货物受损，负赔偿责任。具体包括以下内容：

1）偷窃、提货不着险；

2）淡水雨淋险；

3）短量险；

4）混杂、沾污险；

5）渗漏险；

6）碰损、破碎险；

7）串味险；

8）受热、受潮险；

9）钩损险；

10）包装破裂险；

11）锈损险。

上述 11 种附加险不能独立投保，它只能在投平安险或水渍险的基础上加保。

（2）特殊附加险。

特殊附加险承保由于特殊外来风险所造成的全部或部分损失。我国保险业中的特殊附加险包括：

1）战争险；

2）拒收险；

3）交货不到险；

4）进口关税险；

5）黄曲霉素险；

6）罢工险；

7）舱面险；

8）货物出口到香港（包括九龙）或澳门存仓火险责任扩展条款。

（五）伦敦保险协会海运货物保险条款

在世界保险业务中，英国的伦敦保险协会所制定的《协会货物条款》（Institute Cargo Clauses，I. C. C.），对世界各国有着广泛的影响。《协会货物条款》最早制定于 1912 年，为了适应不同时期国际贸易、航运、法律等方面的变化和发展，该条款已先后多次补充和修改。

1. 保险的险别

伦敦保险协会的海运货物保险条款主要有 6 种险别：

（1）协会货物（A）险条款（Institute Cargo Clauses A，I. C. C. —A）；

（2）协会货物（B）险条款（Institute Cargo Clauses B，I. C. C. —B）；

（3）协会货物（C）险条款（Institute Cargo Clauses C，I. C. C. —C）；

（4）协会战争险条款（货物）（Institute War Clauses—Cargo）；

（5）协会罢工险条款（货物）（Institute Strikes Clauses—Cargo）；

（6）恶意损害险条款（Malicious Damage Clauses）。

在以上 6 种险别中，（A）险、（B）险、（C）险这三种险别可以独立投保。

2. 承保范围

（1）（A）险的承保风险范围与除外责任

（A）险有些类似一切险，承保的风险范围非常广泛，所以使用"除外责任"的方式来说明承保的范围。其意思是，除了"除外责任"项下所列风险保险人不予负责外，其他风险均应负责。

1）一般除外责任。

①归因于被保险人故意的不法行为造成的损失或费用；

②自然渗漏、重量或容量的自然耗损或自然磨损所造成的损失或费用；

③包装或准备得不足或不当所造成的损失或费用；

④保险标的内在缺陷或特性所造成的损失或费用；

⑤直接由于延迟所引起的损失或费用；

⑥由于船舶所有人、租船人经营破产或不履行债务造成的损失或费用；

⑦由于使用任何原子或热核武器等所造成的损失或费用。

2）不适航、不适货除外责任。

①保险标的在装船时，被保险人或其受雇人已经知道船舶不适航，以及船舶、装运工具、集装箱等不适发；

②如违反适航、适货的默示保证为被保险人或其受雇人所知悉。

3）战争除外责任。

①由于战争、内战、敌对行为等造成的损失或费用；

②由于捕获、拘留、扣留等（海盗除外）所造成的损失或费用；

③由于漂流水雷、鱼雷等造成的损失或费用。

4）罢工除外责任。

①由于罢工者、被迫停工工人等造成的损失和费用；

②任何恐怖主义者或出于政治动机而行动的人所致的损失和费用。

（2）（B）险的承保风险范围与除外责任

保险人对由以下原因所引起的损失负责赔偿：

①火灾、爆炸；

②船舶或驳船触礁、搁浅、沉没或倾覆；

③陆上运输工具倾覆或出轨；

④船舶、驳船或运输工具同水以外的外界物体碰撞；

⑤在避难港卸货；

⑥地震、火山爆发、雷电；

⑦共同海损牺牲；

⑧抛货；

⑨浪击落海；

⑩海水、湖水或河水进入船舶、驳船、运输工具、集装箱、大型海运箱或贮存处所，货物在装卸时落海或摔落造成整件的损失。

（B）险的除外责任也分为一般除外责任，不适航、不适货除外责任，战争除外责任，罢工除外责任。

1）一般除外责任。

①任何人的非法行动故意损害或故意破坏保险标的或其他任何部分所造成的损失或费用；

②自然渗漏、重量或容量的自然耗损或自然磨损所造成的损失或费用；

③包装或准备得不足或不当所造成的损失或费用；

④保险标的内在缺陷或特性所造成的损失或费用；

⑤直接由于延迟所引起的损失或费用；

⑥由于船舶所有人、租船人经营破产或不履行债务造成的损失或费用；

⑦由于使用任何原子或热核武器等所造成的损失或费用。

2）不适航、不适货除外责任。

与（A）险有关各点完全相同。

3）战争除外责任。

除与（A）险的战争除外责任之②不同以外（即（A）险把海盗行为列入保险范围，而（B）险对海盗行为不负保险责任），其余完全相同。

4）罢工除外责任。

与（A）险罢工除外责任完全相同。

（3）（C）险的承保风险范围与除外责任

（C）险承保的风险有：

①火灾、爆炸；

②船舶或驳船触礁、搁浅、沉没或倾覆；

③陆上运输工具倾覆或出轨；

④在避难港卸货；

⑤共同海损的牺牲；

⑥抛货。

（C）险的除外责任与（B）险各点完全相同。

3. 主要险别的保险期限

英国伦敦保险协会海运货物条款（A）、（B）、（C）条款与我国海运货物保险期限的规定大体相同，也是"仓至仓"，但比我国条款规定得更为详细。

4. 险别比较

英国伦敦保险协会的险别与中国人民保险公司现行的保险险别之间既有相同之处，又有一些区别。

相同之处主要表现为两种险别的内容上，以三种主要险别为例：（A）险与"一切险"相似；（B）险与"水渍险"相似；（C）险与"平安险"相接近。区别主要有两个方面：一是两种险别的名称不同；二是两种险别各自承保的风险范围有所不同，如（C）险与"平安险"虽相接近，但比"平安险"的责任范围要小一些。

二、陆上运输货物保险

根据 2009 年修订的《中华人民共和国保险法》，陆上运输货物保险的险别的基本险分为陆运险和陆运一切险两种。此外，还有陆上货物战争险，以及适用于陆运冷藏货物的专门保险——陆上运输冷藏货物险。

（一）陆运险与陆运一切险

1. 承保范围

陆运险（Overland Transportation Risk）的承保范围是指被保险货物在运输途中遭受风、雷电、地震、洪水等自然灾害，或由于陆上运输工具（火车、汽车）遭受碰撞、倾覆或出轨等意外事故，或在驳运过程中，驳运工具发生意外事故等所造成的全部损失或部分损失。陆运险的承保范围大致相当于海运险中的"水渍险"。

陆运一切险的承保范围与海上运输货物保险条款中的"一切险"相似，除包括上述陆运险的责任外，保险公司对被保险货物在运输途中由于一般外来原因造成的短少、短量、偷窃、渗漏、碰损、破碎、钩损、雨淋、生锈、受潮、受热、发霉、串味、沾污等全部或部分损失，也负赔偿责任。

2. 责任起讫

陆上运输货物保险的责任起讫类似于海运货物保险，也采用"仓至仓"条款，保险责任自被保险货物运离保险单所载明的起讫地仓库或储存处所开始运输时生效，直至该项货物到达保险单所载明目的地收货人的最后仓库货储存处所或被保险人用作分配、分派或非正常运输的其他储存处所为止。如未抵达上述地点，则以被保险货物运抵最后卸载的车站满 60 天为止。

3. 除外责任

（1）被保险人的故意行为或过失所造成的损失。

（2）属于发货人所负责任或由被保险货物的自然消耗所造成的损失。

（3）由于战争、工人罢工或运输延迟所造成的损失。

（二）附加险

在陆上运输货物保险中，被保险货物在投保陆运险或陆运一切险的基础上，经过协商还可以加保陆上运输货物保险的一种或若干种附加险。如战争险与冷藏货物险，前者对直接由于战争、类似战争行为以及武装冲突所导致的损失，如货物由于捕获、扣留、拘留、禁制和抵押等行为所引起的损失负责赔偿；后者负责赔偿由于冷藏机器或隔温设备在运输途中损坏所造成的被保险货物解冻融化而腐败所造成的损失。

三、航空运输货物保险

现行的中国人民保险公司的航空运输货物保险的基本险种有航空运输险和航空运输一切险两种。另有航空运输货物保险附加险——航空运输货物战争险。

（一）航空运输险与航空运输一切险

1. 承保范围

航空运输险的承保范围与海洋货物运输保险条款中的"水渍险"的承保范围大致相同。保险公司赔偿包括被保险货物在运输途中遭受雷电、火灾、爆炸或由于飞机遭受恶劣气候或其他危难事故而被抛弃，或由于飞机遭受碰撞、倾覆、坠落或失踪等自然灾害和意外事故所造成的全部或部分损失。

航空运输一切险除包括上述航空运输险的责任外，对被保险货物在运输途中由于外来原因所造成的包括被偷窃、短量等全部或部分损失也负赔偿责任。

2. 责任起讫

航空运输货物保险的责任起讫从被保险物运至保险单所载明的起运地仓库或储存处所开始运输时生效。在正常运输过程中继续有效，直到该项货物运抵保险单所载明的目的地交到收货人仓库或储存处所或被保险人用作分配、分派或非正常运输的其他储存处所为止。如保险货物未到达上述仓库或储存处所，则以被保险货物在最后卸货地卸离飞机后满30天为止。

（二）附加险

被保险货物在投保航空运输险或航空一切险后，还可以经协商加保航空运输货物战争险等附加险。加保此险种之后，保险公司需要承担在航空运输途中由于战争、敌对行为或武装冲突以及各种常规武器和炸弹所造成的货物损失，但不包括使用原子弹或热核武器所造成的损失。

四、合同中的保险条款及办理保险的程序

（一）合同中的保险条款

合同中的保险条款因采用不同的贸易术语而有所区别。在我国出口业务中，如按FOB、FCA、CFR或CPT条件对外成交，则保险由买方办理。如按CIF或CIP条件成交，则由卖方负责办理保险。合同中一项完整的条款必须订明如下三项内容：

1. 保险金额

保险金额也称投保金额。它是保险人所应承担的最高赔偿金，也是核算保险费的基础。保险金额一般应由买卖双方经过协商确定，按照国际保险市场习惯，通常按CIF或

CIP 总值加一成（10%）计算。

2. 投保险别

在投保险别这项条款中，要说明基本险别和附加险别的名称。凡我国出口以 CIF 或 CIP 条件成交的，一般按照中国人民保险公司现行的货物运输的险别，并根据商品的特点及海上风险的程度由双方协商确定投保险别。

3. 保险适用条款

在中国人民保险公司投保，一切办理手续和方法均依照《中国保险条款》。但有时国外客户要求以英国伦敦保险协会所制定的《协会货物条款》为准，在我国一般也可接受。

（二）办理保险的程序

在进出口货物运输保险业务中，被保险人在选择确定投保的险别和确定了保险金额后通常还需做好的工作有：办理投保并交付保险费，领取保险单证以及在货损时办理保险索赔等。

1. 办理投保和支付保险费

出口企业办理投保手续时，应根据出口合同或信用证规定，在备妥货物并确定装运日期和运输工具后，按规定格式逐笔填制保险单送交保险公司投保，并交付保险费。

投保人交付保险费，是保险合同生效的前提条件。

保险费率是计算保险费的依据，它是根据一定时期货物的损失率（赔付率）等情况而确定的，因此，不同商品、不同目的地、不同险别的保险费率是不同的。

保险费的计算公式为：

$$保险费 = 保险金额 \times 保险费率$$

如按 CIF 或 CIP 价加成投保，上述公式可改为：

$$保险费 = CIF（CIP）价 \times （1 + 投保加成率） \times 保险费率$$

2. 取得保险单据

保险单据是保险人与被保险人之间订立保险合同的证明文件，它反映了保险人与被保险人之间的权利和义务关系，也是保险人的承保证明。当发生保险责任范围内的损失时，它又是保险索赔和理赔的主要依据。

（1）保险单（Insurance Policy）。

俗称大保单，是使用最广的一种保险单据。货运保险单是承保一个指定运程内某一批货物的运输保险，具有法律上的效力，对双方当事人均有约束力。

（2）保险凭证（Certificate of Insurance）。

保险凭证是国际上使用的一种简化的保险单。

（3）联合凭证（Combined Certificate）。

联合凭证是将发票和保险单合二为一制成。

（4）预约保单（Open Policy）。

预约保单是被保险人（一般为进口商）与保险人之间订立的保险总合同。目的是简化保险手续，并使货物一经装运即可取得保障。

3. 保险索赔

（1）保险索赔的概念和索赔办法

保险索赔是指被保险货物遭受承保责任范围内的风险而造成损失时，被保险人要求赔偿的行为。在我国货物运输保险业务中，索赔办法由中国人民保险公司规定。当发现承保的货物受到损失时，被保险人应按保险单的规定，委派专门机构对货损情况或货差情况进行检验，出具检验报告，说明损失的程度，由被保险人凭检验报告连同有关权益证明书、保险单证书，直接向中国人民保险公司在当地的代理机构提出索赔。保险公司经审核同意赔偿后，将赔偿款项及有关费用直接汇交被保险人。

（2）保险索赔中应注意的问题

被保险人在提出或处理索赔时，应注意以下问题：

1）索赔的金额。

索赔金额的多少与是否赔偿、赔偿多少直接相关。因为保险公司一般有免赔部分的规定，如散装货风吹损失在1%以下的免赔偿；易碎货物损失金额不够保险金额3%～5%的不赔偿。

2）索赔的通知。

按照国际惯例，在被保险货物遭到保险范围内的损失后，被保险人要及时通知保险人，以便保险人或有关人员进行检验、取证。如果被保险人不及时通知保险人，被保险人要对由此产生的问题及损失承担一定的责任。

3）索赔的证明文件。

进行索赔时，被保险人必须提供下列票据和证明文件：

①保险单正本或保险凭证；

②海运提单或铁路运单、航空运单等运输单据；

③商业发票、装箱单、重量单；

④检验报告、货损货差证明及索赔清单；

⑤保险公司规定的其他有关证件。

4）索赔的时间。

国际上一般的索赔有效期限是2年。被保险人应注意保险公司对于索赔时间的规定。

5）货损后对商品的保护。

被保险人在货损发生后，提出索赔的同时还应注意保护商品，以避免损失扩大。这是被保险人的一个重要的责任。

【项目小结】

国际贸易和国际物流相辅相成。现行的国际贸易术语有4组共13个，它们的含义、适用的运输方式和买卖双方的基本义务各不相同。国际贸易中，常用的支付工具有汇票、本票、支票，常用的支付方式有汇付、托收和信用证。海上货物运输可以投保基本险和附加险。基本险有平安险、水渍险和一切险三种；附加险不能单独投保，包括一般附加险和特殊附加险两种。

【思考与练习】

1. 国际贸易与国际物流的关系是什么？

2. FOB、CFR、CIF、FCA、CPT、CIP 的含义和各自适用的运输方式分别是什么？这些术语条件下买卖双方的基本义务分别是什么？

3. 国际贸易中有哪些常用的支付工具和方式？

4. 简述信用证支付的业务流程。

5. 海上货物运输可能会遇到哪些风险？有哪些基本险和附加险？它们的承保范围分别是什么？

6. 货物运输的保险单据有哪些？

项目三 国际海上货运代理

☞学习目标

教学目的：掌握班轮运输的含义、特点；掌握集装箱班轮运输流程与费用的计算，掌握其中主要单据的使用和缮制；理解租船运输的含义，掌握租船运输的种类、租船业务流程；了解租船合同的内容。

教学重难点：集装箱班轮运输流程与费用的计算；班轮运输相关单证的使用与缮制。

教学课时：12 学时。

【导入案例】

今年毕业的大学生小李应聘到某物流集团公司国际货运代理部工作，报到后，小李来到了操作部实习。一天，业务部同事揽到一票货，后续的订舱、安排拖车、报关报检、制单等程序都由操作人员来完成。经理交代小李由此票货物学习相关业务，并主要跟踪 A 公司的货物。

任务一 班 轮 运 输

一、班轮运输概述

（一）班轮运输的定义

班轮运输（Liner Shipping，Liner Service）又称定期船运输，它是指固定船舶按照公布的船期表或有规则地在固定航线和固定港口间从事货物（含集装箱）运输。从事班轮运输的船舶称为班轮。

班轮运输适用于种类繁多、数量不大、收发货人多、市场性较强的件杂货物运输。如工业制成品、生鲜食品及货价较高的货物。

（二）班轮运输的特点

班轮运输体现在货运程序上的特点，主要有以下几个方面：

第一，班轮运输一般有固定港口、固定航线、固定开航时间、固定费率，不计滞期费、速遣费。

第二，班轮运输通常要求托运人送货至承运人指定的码头仓库交货，收货人在承运人指定的码头仓库提货。

第三，班轮承运人负责包括装卸货物及理舱在内的作业，并负责全部费用。

第四，承运人和货主之间不签订合同，仅按船公司签发的提单，处理运输中有关问题。

二、班轮运输运费

班轮运输运费由两部分构成，即基本运费和附加运费。下面分别予以介绍：

（一）基本运费

基本运费是指运输货物承运人所应收取的最基本的运输费用，它是整个运费的主要构成部分。对于集装箱货物而言，其计算并不复杂。

1. 基本运费的计算方法

基本运费由如下公式计算：

$$基本运费 = 运价 \times 运量，即 F = R \times Q$$

式中，F 代表运费，R 代表运价，Q 代表运量。

其中，运量是托运人委托承运人运输的某一票货物的数量或重量，由于集装箱货物有整箱货和拼箱货之分，运量单位也有集装箱和运费吨的不同。运价（Freight Rate）又称费率、运费率，是托运人为运输货物而需付出的单位运输价格。同样地，由于集装箱货物有整箱货和拼箱货之分，运价可以是每一个集装箱的价格，也可以是每运费吨的价格。

2. 运费吨

运费吨是重量吨和尺码吨的统称。重量吨是按毛重计算，以每公吨、每长吨或每短吨为计算运费的单位，用 "W"（Weight，重量）表示。尺码吨是按体积计算，以每立方米或 40 立方英尺为 1 尺码吨，用 "M"（Measurement，尺码）表示。故在船公司的运价本或报价单上，运费吨的符号用 W/M 表示。国内多用公制单位，即公吨和立方米。

这里的 "吨" 只是一个计费标准，运费吨有时是质量单位，有时是体积单位，而不是特指物理中的质量单位。基准计费吨为：1 公吨 = 1 立方米。按质量和体积数值大者计费：若货物 1 公吨不足 1 立方米，称之为重货，按重量吨计费；若货物 1 立方米不足 1 公吨，称之为轻货或轻泡货物，按尺码吨计费。

需要指出的是，货物的尺码（体积）的计算方法为：最长×最宽×最高。

（二）附加运费

在海运运费中除了基本运费之外，所收取的其他费用都可以归入附加运费的范畴。附加运费种类繁多，下面介绍一些主要的附加运费：

1. 燃油附加费

这是指由于国际燃油价格上涨，船公司营运成本增加，船公司在不调整原定运价的前提下，为补偿燃油费用的增加而加收的费用。大多数航线都有，但标准不一。

实践中，有的船公司还称其为 FAF（Fuel Adjustment Factor）或 BS（Bunker Surcharge），有的船公司在油价剧烈上涨的时候还有可能进一步征收紧急燃油附加费（Emergency Adjustment Surcharge，EBS）。

2. 货币贬值附加费

国际金融市场的汇率经常发生变动，一旦计收运费的币种贬值，船公司的实际收入就会减少，为了弥补承运人在货币兑换过程中的汇兑损失而加收的附加费就叫货币贬值附加费。

3. 港口附加费

船公司因港口装卸条件差、速度慢或港口费用较高而向货方收取的附加费。

4. 港口拥挤附加费

船公司为弥补由于港口拥挤造成的船期延长、运输成本增加等损失而向货方收取的附加费。这种附加费根据港口拥挤情况不断调整，甚至可以取消。

5. 旺季附加费

在出货旺季，船公司加收旺季附加费，以期削弱货主出货量，缓解货载压力。

6. 转船附加费

凡运往非基本港的货物，需转船运往目的港，船方为此而增收的附加费，称为转船附加费。其中包括换装费、仓储费以及二程船运费等费用。

7. 直航附加费

这是当运往非基本港的货物达到一定的货量，船公司安排直航该港而不转船所加收的附加费。

8. 选港附加费

有的货物因为贸易的需要，直到装船时仍不能确定最后的卸货港，要求预先指定两个或两个以上的卸货港，待船舶开航后再作决定。选择卸货港会使整船货物积载变得困难，甚至造成舱容的浪费。因此，船公司在这种情况下会加收选港附加费。集装箱运输中，船公司一般不接受选择卸货港。

9. 变港附加费/变更卸货港附加费

有些货物由于收货人变更、交货地点变更或清关问题等需要，在装上船后需变更卸货港所增收的附加费，称为变港附加费。

10. 超长、超重附加费

当一件货物的长度或毛重超过规定时，会给船方的装卸和运输存储都带来困难，此时船方会增收此项附加费。

11. 集装箱超重附加费

当集装箱装载货物后的重量超过规定时船方加收的附加费。

12. 自动舱单系统录入费

2001年"9·11"事件后，美国出台了严厉的港口安全检查制度，规定自2003年2月1日起，运往美国的集装箱船舶，必须提前向美国海关提交准确完整的货物申报单。自动舱单系统录入费即是录入此系统所需的费用。

13. 国际船舶与码头安全费

《国际船舶和港口设施保安规则》于2004年7月1日开始全面强制实施，旨在为船舶和港口设施提供安保措施。引进和执行此规则所增加的成本，港口通过国际船舶与码头安全费的形式向靠泊的船公司或货主收取，而船公司缴纳的，一般会向货主收回。

14. 码头操作费

这是船公司因码头费用上涨而转嫁给货主的一项附加费，目前各种附加费之中，此项费用在中国各方争议最大。

三、班轮运输流程

组织班轮运输，不仅对船舶的技术性能以及船员和设备等有较高的要求，而且还需要有一套与之相适应的货运程序。

（一）揽货

揽货，又称为揽载，也就是货代服务的销售行为，是指国际货代公司从船东市场取得运输代理服务资格后，通过与客户直接洽谈，或通过电话、传真、互联网等各种方式，从客户那里争取货源，承揽货载，把运输服务销售出去的行为。班轮公司通常的做法是在所经营班轮航线的各挂靠港口及货源地通过自己的营业机构或船舶代理人与货主建立业务关系。此外，还通过报纸、杂志、互联网发布船期表，以邀请货主前来托运货物，办理订舱手续，或通过与货主、无船承运人或者货运代理人等签订货物运输服务合同或揽货协议来争取货源。

（二）订舱

订舱是托运人（或其代理人）向承运人（或其代理人）申请货物运输，承运人对这种申请行为给予承诺的行为。订舱是国际货运代理一项非常重要的业务，也是国际海上货物运输的一个重要的环节。通常，业务员将货物揽到之后，将以业务联系单的方式与操作人员进行业务交接，操作人员将按照客户的要求代理客户向班轮公司订舱，只有订舱成功，才能继续之后的各项程序，尤其在海运旺季，订舱工作的好坏，决定着一个国际货代企业的信誉及服务质量的高低。

如果客户托运的货物数量较少，不够装一个集装箱，就只能以拼箱的方式出运。这样的货物就叫做拼箱货。

一般的船公司较少有拼箱货运业务，从事拼箱货运业务的大多数是国际货运代理企业（但不意味着所有国际货代企业都会从事拼箱业务），这样的企业被称为拼箱集运公司。他们拥有自己的集装箱货运站，在这里若干票到同一目的港的小批量货物被集中拼装到一个集装箱。因此，小批量的拼箱货要向拼箱集运公司订舱。拼箱公司在接受了客户的订舱后，会根据各目的港货量的多少，再向班轮公司订适合装运的集装箱。拼箱公司向班轮公司订舱，则是整箱运输了。班轮公司接受其订舱后，也会发出订舱确认书，其手续与整箱货订舱一样。

（三）装货

国际货代企业在收到船公司的订舱确认书，完成了订舱手续之后，就可以进入装货步骤了。狭义的装货，就是把货物装进集装箱里，也称做箱。广义的装货包括安排集装箱拖车，提取空箱，做箱，再将重箱返回集装箱堆场准备装船。

（四）报检

出入境检验检疫工作在国家经济贸易中十分重要，直接影响到社会公共利益和进出口贸易各方的合法权益，直接关系到公众生命及生态环境。为加强进出口商品检验工作，维护对外贸易各方的合法权益，促进生产和对外贸易健康发展，《中华人民共和国商品检验法》(以下简称《商检法》)等法律、行政法规规定，须法定检验检疫的进出境货物，未经检验合格的，不准进出口。

中国国家出入境检验检疫局是统一监督管理全国进出口商品检验工作的主管机关，是中国国内最权威、最大的检验机构。一般中国产品出口都由此处进行商品检验。国家出入境检验检疫局与国家质量技术监督局合称"国家质量监督检验检疫总局"，简称"国家质检总局"，前者针对外贸领域，后者针对内贸领域。各省、自治区、直辖市出入境检验检疫局及其分支机构监督管理本地区的进出口商品检验工作。

(五) 报关

根据《中华人民共和国海关法》(以下简称《海关法》)，任何进出口货物在进出境时，都必须凭有关单据及证明文件办理报关手续，进口货物自进境起到办妥海关手续止，出口货物自向海关申报起至出境止，都要接受海关监督。通常情况下，委托国际货代企业报关是按票收费的，有进出口权的客户可以自理报关，或者请国际货运代理企业或报关行代理报关；没有进出口权的客户则需要将报关、报检业务全部外包给代理报关企业或代理出口公司。

(六) 货物装船

货物通关放行后应及时送到码头配载装船。配载装船由海上运输承运代理人（一般为外轮代理公司）负责编制预配图，港口据此编制船舶配载图，并经承运人确认。配载中货代公司需要注意在海上运输旺季，由于船公司爆舱，货物有可能会被甩柜。船公司总是出于自身的考虑，在订舱时多确认几个舱位给订舱货代，以防发货人退载，而直到出现爆舱无法承载后，才进行甩柜。所以，国际货代企业相关负责人员需要密切跟进集装箱的配载情况，不要以为订舱成功就万事大吉。

(七) 提单的缮制与签发

我国《海商法》规定："提单，是指用以证明海上货物运输合同和货物已经由承运人接收或者装船，以及承运人保证据以交付货物的单证。"提单中载明的向记名人交付货物，或者按照指示人的指示交付货物，或者向提单持有人交付货物的条款，构成承运人据以交付货物的保证。提单的主要关系人是签订运输合同的双方：托运人和承运人。托运人即货方，承运人即船方。其他关系人有收货人和被通知人等。

提单既是重要的国际海上货物运输单证，又是重要的国际货物贸易单证。

(八) 运费收取

国际货代企业在收取客户的运费和各种杂费时，都需要给客户开具正规的运费发票。客户支付运费的方式，一般是银行转账、支票、汇票等，很少使用现金支付。借款周期一般是每月结算，简称月结。在实践中，首次合作或托运人出口货物频率很低，也会使用票结方式。当国际货代企业将海运费及其他费用收取后，就要准备将货物安全地发放给收货人了。如果客户委托办理报关业务的，费用结清后要将海关退回的出口货物报关单的企业留存联、收汇核销单、退税联及出口收汇核销联及时送回给客户。

(九) 放货

放货指船公司凭提单将货物交付给收货人的行为。具体过程是收货人将提单交给船公司在卸货港的代理人，经代理人审核无误后，签发提货单交给收货人，然后收货人再凭提货单前往码头仓库提取货物并与卸货代理人办理交接手续。船公司一般要求收货人持正本提单，但实践中有时因为各种原因，例如汇票兑现期限的关系、货先于提单到达卸货港等原因，会出现无单放货和电放的情况。

四、班轮运输相关单证

（一）订舱单

订舱单（Shipping Order，S/O）是国际货代企业向承运人订舱的单据（见图3-1），又称订舱委托书、放柜纸、下货纸或关单。其内容与托运单基本是一致的。现在大量的订舱都是通过电脑完成，实现了无纸化。订舱单的主要内容除了有发货人/托运人（Shipper）、收货人（Consignee）、通知人（Notify）、起运港/装货港（Port of Loacing）、目的港（Port of Discharge）、运费支付方式、预配箱型及箱量、货物信息之外，还有船公司安排的船名/航次（Vessel/Voyage）。

订舱程序包括审单、订舱和放舱。

1. 审单

操作部收到业务部转交的流程卡和客户托运单（B/N）后，审核两单是否一致，如起运港、目的港、柜型、截关日、品名、价格、毛重、体积，运费是到付还是预付。若二者一致即可以发订舱单向船公司订舱，否则需与业务员确认。

2. 订舱

确认好以下内容后即可订舱：起运港、目的港、柜型、柜量、船公司、截关日、货物品名、运费。否则需与客户确认。

订舱主要有两种方式：在线订舱和离线订舱。前者亦称电子订舱、网上订舱，它可以为客户提供一个交易平台，通过电子数据交换或互联网等把客户询价和服务供应商的报价在网上进行交换，使双方达成交易；后者主要是通过电话、传真或者电子邮件等途径实现。

3. 放舱

承运人在订舱单上确认订舱，会将确认后的订舱单回传过来。操作员确认信息无误后即可准备下一步的工作。

（二）设备交接单

在装货环节会使用到设备交接单。了解设备交接单，可以从装货的程序开始。装货程序包括换单、提取空箱、货物装箱和重箱返场。

1. 换单

换单也叫打单，指的是集装箱拖车公司向船公司设在码头的操作部门交还其发出的订舱确认书，船公司打印一份设备交接单（Equipment Interchange Receipt，EIR，也有船公司称其为集装箱交接单或集装箱收发单），连同一个铅封交给集装箱拖车公司，每个铅封上都有一个封志号，且只能使用一次。

××物流有限公司出口货物订舱单

Shipper：（发货人）	Booking No：
	TEL：
Consignee：（收货人）	EMAIL：
	FAX：
Notify Party：（通知人）	FREIGHT & CHARGES （运费与附加费） 合约/特价编号：

		PREPAID	COLLECT
Pre-carriage by（前程运输）　　Place of Receipt（收货地点）	O/F		
	ORC		
Ocean Vessel（船名）Voy No.（航次）　Port of Loading（装货港）	文件费		
	其他		
Port of discharge（卸货港）　Place of delivery（交货地点）	Final Destination for the Merchant's （目的地）		

Marks & Nos：（标记与号码）	Container/Seal no（集装箱/封条号）	No. & kinds of pkgs（包装种类与数量）	Description of Goods（货名）	Gross weight 毛重（公斤）	Measurement 尺码（立方米）

箱型/箱量：	运输条款：
货类	
提柜时间：	拖车公司：
是否中转：	中转港口：
装货地点：	装货时间与联系人：
注意事项	托运人签章
	日期

图 3-1 订舱单范本

设备交接单是集装箱进出港区、场站时，用箱人与管箱人或其代理人之间交接集装箱及设备的凭证，兼有发放集装箱的凭证功能。用箱人、运箱人凭设备交接单到指定地点提取空箱，并在规定的地点返还重箱。设备交接单要求做到一箱一单、箱单相符、箱单同行。

各港口的设备交接单格式有所不同，但内容大致一致。设备交接单范本如图 3-2 所示。

2. 提取空箱

换取了设备交接单后，驾驶员可以开车进入指定的集装箱堆场，凭单提取空箱。有在换单的时候不发放铅封的船公司，此时将发放铅封。驾驶员在提取空箱的时候，要认真核对所提空箱是否与订舱单上相关内容一致，且应同堆场的验箱人员一起对所提集装箱的内部与外部进行仔细的检查。

小贴士： 在我国华南地区，因为"空"与"凶"谐音，所以将"空箱"称为"吉柜"。

3. 货物装箱

驾驶员提到合格的空箱后就可以驶往发货人指定的装货地点，进行装箱作业。如果是在发货人的工厂或仓库装货，装箱作业一般由发货人自行安排。如果是在国际货代企业的仓库进行，则由仓库安排装货。货物装箱完毕之后，应将箱门关好，并锁上铅封。

在装箱过程中，应当注意最大装载量、单位容重、箱底负荷，避免产生集中负荷，拼箱货装箱应注意货物的本身性质、包装特征、积载要求等，不能将不相容的货物装入一个集装箱中。

4. 重箱返场

货物装箱后，驾驶员经短途或中长途运输，将重箱返回船公司指定的集装箱堆场。堆场会根据订舱单，核对设备交接单后接收重箱，堆场在验收重箱后，会再打印一份设备交接单给驾驶员。这份交接单与提取空箱时的交接单格式相同，但前者标注有"入场"字样，后者标注有"出场"字样。

重箱在办理完有关出口手续后方能装船出运。

小贴士： 南方港口一般把入场设备交接单称为"重柜纸"。

（三）报检单

国家质量监督检验检疫机构对出入境货物、交通运输工具、人员及事项进行检验检疫。业务内容包括进出口商品检验、进出口动植物检疫和国境卫生检疫等。

进出口商品检验检疫机构对于进出口商品检验鉴定的具体内容，根据商品的不同特性，法律、法规规定的不同内容，或是根据合同中的具体规定，有关技术标准的规定，以及申请委托人的意愿而不同。报检单范本如图 3-3 所示。

中国远洋运输（集团）有限公司　IN 进场

集装箱发放/设备交接单

EQUIPMENT IN TERCHANGE RECEIPT

NO. 0016582

用箱人/运箱人（CONTAINER USER/HAULIER）		提箱地点（PLACE OF DELIVERY）	
江苏佳哈国际贸易公司（3701917854）		中国, 上海港	
来自地点（DELIVERED TO）		返回/收箱地点（PLACE OF RETURN）	
日本大阪		中国, 上海港	
航名/航次（VESSEL/VOYAGE NO.）	集装箱号（CONTAINER）	尺寸/类型（SIZE/TYPE）	营运人（CNTR. OR TR.）
COSCO SAKURA, 387E	COSU321451（1）	21 cbm, 普通箱	中国外轮代理公司 上海分公司
提单号（B/L NO.）	铅封号（SEAL NO.）	免费期限（FREE TIME PERIOD）	运载工具牌号（TRUCK WAGON. BARG NO.）
Cosco12345	CTF13456	30-APRIL-2013	
出场目的/状态（PPS OF GATE-OUT/STATUS）		进场目的/状态（PPS OF GATE-IN/STAUS）	出场日期（TIME-OUT）
装货			19-APRIL-2013

出场检查记录（INSPECTION AT THE TIME OF INTERCHANGE）

普通集装箱（GP CONTAINER）	冷藏集装箱（RF CONTANINER）	特种集装箱（SPECIAL CONTAINER）	发电机（GEN SET）
☐ 正常 ☐ 异常	☐ 正常 ☐ 异常	☐ 正常 ☐ 异常	☐ 正常 ☐ 异常

损坏记录及代号（DAMAGE & CODE）

BR 破损 (BROKEN)	D 凹损 (DENT)	M 丢失 (MISSING)	DR 污箱 (DIRTY)	DL 危标 (DG LABEL)

左侧（LEFT SIDE）　右侧（RIGHT SIDE）　前部（FRONT）　集装箱内部（CONTAINER INSIDE）

顶部（TOP）　底部（FLOOR BASE）　箱门（REAR）　如有异状, 请注明程度及尺寸（REMARK）

除列明者外, 集装箱及集装箱设备交换时完好无损, 铅封完整无误。

THE CONTAINER/ASSOCIATED EQUIPMENT INTERCHANGED IN SOUND CONITION AND SEAL AINTACT UNLESS OTHERWISE STATED

用箱人/运箱人签署　　　　　　　　　　　　　　码头堆场值班员签署

（CONTAINER USER/HAULIERS SIGNATURE）　　　（TERMINAL/DEPOTCLERKS SINGATURE）

图 3-2　设备交接单范本

中华人民共和国出入境检验检疫
出境货物报检单

报检单位（加盖公章）：　　　　　　　　　　　　　编　　号 _____

报检单位登记号：　　　　联系人：　　　电话：　　报检日期：　年　月　日

发货人	（中文）
	（外文）
收货人	（中文）
	（外文）

货物名称（中/外文）	H.S. 编码	产地	数/重量	货物总值	包装种类及数量

运输工具名称号码		贸易方式		货物存放地点	
合同号		信用证号		用途	
发货日期		输往国家（地区）		许可证/审批号	
启运地		到达口岸		生产单位注册号	

集装箱规格、数量及号码

合同、信用证订立的检验检疫条款或特殊要求	标 记 及 号 码	随附单据（画"✓"或补填）	
		□合同	□包装性能结果单
		□信用证	□许可/审批文件
		□发票	□
		□换证凭单	□
		□装箱单	□
		□厂检单	□

需要证单名称（画"✓"或补填）		*检验检疫费	
□品质证书 ＿正＿副	□植物检疫证书 ＿正＿副	总金额（人民币元）	
□重量证书 ＿正＿副	□熏蒸/消毒证书 ＿正＿副		
□数量证书 ＿正＿副	□出境货物换证凭单 ＿正＿副		
□兽医卫生证书 ＿正＿副	□出境货物通关单 ＿正＿副	计费人	
□健康证书 ＿正＿副	□		
□卫生证书 ＿正＿副	□	收费人	
□动物卫生证书 ＿正＿副			

报检人郑重声明：	领 取 证 单	
1. 本人被授权报检。		
2. 上列填写内容正确属实，货物无伪造或冒用他人的厂名、标志、认证标志，并承担货物质量责任。	日期	
签名：_____	签名	

注：有"＊"号栏由出入境检验检疫机关填写　　　　　　　◆国家出入境检验检疫局制

[1-2（2000.1.1）]

图 3-3 报检单范本

（四）报关单

1. 报关

报关是指进出口货物的收发货人、进出境运输工具的负责人、进出境物品的所有人或其代理人，向海关办理货物、物品或运输工具进出境手续及相关事务的全过程。

（1）报关的对象

1）进出境货物。

主要包括一般进口货物、一般出口货物、保税货物、暂准进出境货物、特定减免税进出口货物、过境货物、转运货物及其他进出境货物。一些特殊货物，如通过管道、电缆输送进出境的水、电等，以及无形的货物，如附着在货品载体上的软件等，也属于报关对象。

2）进出境运输工具。

主要指用于载运人员、货物、物品进出境，在国际间运营的各种境内外船舶、车辆、飞机等。

3）进出境物品。

指进出境的行李物品、邮递物品和其他物品。以进出境人员携带、托运等方式进出境的物品为行李物品；以邮递方式进出境的物品为邮递物品；其他物品主要包括享有外交特权和豁免权的外国机构或者人员的公务用品或自用物品，以及通过国际速递进出境的快件等。

（2）报关的基本程序

1）货物申报。

出口货物在申报前一般要先办理出口货物托运手续，申报的原则是"托运在先，报关在后"。一般情况下，出口货物向出境地海关申报，进口货物向进境地海关申报。出口转关货物应当在设有海关的启运地申报，进口转关货物应当在设有海关的指运地申报。

出口货物除海关特准外，应当在货物运抵海关监管区后，装货24小时之前向海关申报。进口货物的申报期限是在运输工具申报进境之日起的14天内。如果申报期限的最后一天是法定节假日或休息日，则顺延至法定节假日或休息日后的第一个工作日。进口货物的收货人如未按规定期限向海关申报的，由海关按照《海关法》的规定征收滞报金，为货物到岸价格的0.05%计征，按天计。进口货物在运输工具申报进境之日起超过3个月仍未向海关申报的，货物由海关依照《海关法》的规定提取变卖处理。

在一般情况下，进出口货物收发货人或其代理人先以电子数据报关单形式向海关申报，后提交纸质报关单。在特殊情况下，经海关同意，可以单独以纸质报关单或电子数据报关单形式向海关申报。

2）配合查验。

海关查验是指海关在接受报关单位的申报之后，依法为确定进出境货物的性质、原产地、货物状况、数量和价值是否与货物申报单上已填报的内容相符，对货物进行实际检查的行政执法行为。

3）缴纳税费。

进出口税费是在进出口环节中，由海关依法征收的包括关税、消费税、增值税、船舶吨位税和海关监管费、超期申报的滞报金和逾期缴纳的滞纳金等在内的相关费用。关税是国家税收的重要组成部分。依法缴纳税费是纳税人的基本义务，也是外贸、国际货运代理从业人员和报关员必备的基本技能之一。

①出口关税。

为了鼓励出口，我国仅对少数商品征收出口关税。征收出口关税的目的主要是防止本国一些重要自然资源和原材料的流失，限制和调控某些商品的过激、无序出口。出口关税分从价税和从量税。

从价税的计算公式：出口货物应缴纳的关税税额=出口完税价格×出口关税税率

其中： 出口完税价格=FOB 价格/（1+出口关税税率）

= FOB 价格-出口关税

从量税的计算公式：出口货物应缴纳的关税税额=出口货物数量×适用的单位税率

②进口关税。

我国进口货物关税主要有三种计税方法：从价税、从量税和复合税。其中以从价税为主要计税方法。

从价税的计算公式：进口货物应缴纳的关税税额=完税价格×出口关税税率

其中： 完税价格=CIF 价格

=CFR 价格/（1-保险费率）

=（FOB 价格+运费）/（1-保险费率）

从量税的计算公式：进口货物应缴纳的关税税额=进口货物数量×适用的单位税率

复合关税的计算公式：进口货物应缴纳的关税税额=从价关税+从量关税

③滞报金。

滞报金是海关依法对未在法定期限内申报进口货物的收货人所采取的加收款项，具有经济惩罚性质。进口货物的申报期限为，自载运货物的运输工具申报进境之日起 14 日内。如果申报期限的最后一天是法定节假日或休息日，则顺延至法定节假日或休息日后的第一个工作日。

滞报金日征收金额按规定以进口货物完税价格的 0.05% 计算，其计算公式为：

滞报金金额=进口货物完税价格×0.05%×滞报天数

④滞纳金。

滞纳金是海关税收管理中的一项行政强制措施。对于应缴纳关税的单位或个人，在规定的期限内未向海关缴纳应缴纳的税款，海关可依法在原应缴纳税款的基础上，按日加收滞纳税款 0.05% 的滞纳金。按照《海关法》、《关税条例》之规定，纳税人或其代理人应当自海关填发税款缴款书之日起 15 日内缴纳税款。逾期缴纳的进出口货物的关税、进口增值税、消费税等，由海关征收每天 0.05% 的滞纳金。其计算公式为：

滞纳金金额=滞纳应征税税款×0.05%×滞报天数（滞纳金起征额为人民币 50 元）

4）提取或装运货物。

海关接受进出口货物的申报，审核电子数据报关单和纸质报关单及随附单证，查验货物，征收税款或接受担保以后，对进出口货物作出结束海关进出境现场监管的规定。海关在进口货物提货凭证（如提单、运单、提货单）或出口货物装货凭证（如运单、装货单、场站收据）上签盖海关放行章。进出口货物的收发货人或其代理人，凭已签盖有海关放行章的进口货物提货凭证或出口货物装货凭证，提取进口货物或将出口货物装载到运输工具上离境。

2. 报关单的填制

在填制报关单时，需根据《中华人民共和国海关进出口货物报关单填制规范》有关要求来进行。报关单范本如图3-4所示：

中华人民共和国海关出口货物报关单

预录入编号：　　　　　　　　　海关编号：

出口口岸		备案号		出口日期		申报日期	
经营单位		运输方式		运输工具名称		提运单号	
发货单位		贸易方式		征免性质		结汇方式	
许可证号		运抵国（地区）		指运港		境内货源地	
批准文号		成交方式	运费		保费	杂费	
合同协议号		件数	包装种类		毛重（公斤）	净重（公斤）	
集装箱号		随附单据			生产厂家		
标记唛码及备注							
项号 商品编号 商品名称、规格型号	数量及单位 最终目的国（地区）			单价 总价 币制 征免			
税费征收情况							
录入员　录入单位	兹声明以上申报无讹并承担法律责任			海关审单批注及放行日期（签章）			
报关员				审单　　　　审价			
申报单位（签章）				征税　　　统计			
单位地址：							
邮编：　电话：　填制日期				查验　　　放行			

图3-4　报关单范本（出口货物）

（五）提单

提单（Bill of Lading，B/L）的主要关系人是签订运输合同的双方——托运人和承运人。托运人即货方，承运人即船方。其他关系人有收货人和被通知人等。收货人通常是货物买卖合同中的买方，被通知人是承运人为了方便货主提货的通知对象，可能不是与货权有关的当事人。如果提单发生转让，则会出现受让人、持有人等提单关系人。

1. 提单的功能

提单具有以下三项主要功能：

（1）提单是承运人保证凭以交付货物和可以转让的物权凭证。

对于合法取得提单的持有人，提单具有物权凭证的功能。提单的合法持有人有权在目的港以提单相交换来提取货物，而承运人只要出于善意，凭提单发货，即使持有人不是真正货主，承运人也无责任。而且，除非在提单中指明，提单可以不经承运人的同意而转让给第三者，提单的转移就意味着物权的转移，连续背书可以连续转让。提单的合法受让人或提单持有人就是提单上所记载货物的合法持有人。

提单所代表的物权可以随提单的转移而转移，提单中所规定的权利和义务也随着提单的转移而转移。即使货物在运输过程中遭受损坏或灭失，也因货物的风险已随提单的转移而由卖方转移给买方，只能由买方向承运人提出赔偿要求。

（2）提单是证明承运人已接管货物和货物已装船的货物收据。

对于将货物交给承运人运输的托运人，提单具有货物收据的功能。不仅对于已装船货物，承运人负有签发提单的义务，而且根据托运人的要求，即使货物尚未装船，只要货物已在承运人掌管之下，承运人也有签发一种被称为"收货待运提单"的义务。所以，提单一经承运人签发，即表明承运人已将货物装上船舶或已确认接管。

提单作为货物收据，不仅证明收到货物的种类、数量、标志、外表状况，而且还证明收到货物的时间，即货物装船的时间。

本来，签发提单时，只要能证明已收到货物和货物的状况即可，并不一定要求已将货物装船。但是，将货物装船象征卖方将货物交付给买方，于是装船时间也就意味着卖方的交货时间。而按时交货是履行合同的必要条件，因此，用提单来证明货物的装船时间是非常重要的。

小贴士：提单不能和收货单（Cargo Receipt）同时签发。

（3）提单是国际海上货物运输合同成立的证明。

提单上印就的条款规定了承运人与托运人之间的权利、义务，而且提单也是法律承认的处理有关货物运输的依据，因而人们常常认为提单本身就是运输合同。但是按照严格的法律概念，提单并不具备经济合同应具有的基本条件：它不是双方意思表示一致的产物，约束承托双方的提单条款是承运人单方拟定的；它履行在前，而签发在后，早在签发提单之前，承运人就开始接受托运人托运货物和将货物装船的有关货物运输的各项工作。所以，与其说提单本身就是运输合同，还不如说提单只是运输合同的证明更为合理。

如果在提单签发之前，承托双方之间已存在运输合同，则不论提单条款如何规定，双方都应按原先签订的合同约定行事；但如果事先没有任何约定，托运人接受提单时又未提出任何异议，这时提单就被视为合同本身。虽然由于海洋运输的特点，托运人并没有在提单上签字，但因提单毕竟不同于一般合同，所以不论提单持有人是否在提单上签字，提单条款对他们都具有约束力。

小贴士：提单和托运单、其他文件，如运输协议共同组成完整的运输合同。

---

2. 提单的签发

有权签发提单的主体有承运人及其代理、船长及其代理、船主及其代理。代理人签署时必须注明其代理身份和被代理方的名称及身份。签署提单的凭证是大副收据，签发提单的日期应该是货物被装船后大副签发收据的日期。

提单有正本和副本之分。正本提单一般签发一式两份或三份，这是为了防止提单在流通过程中万一遗失，可以应用另一份正本。各份正本具有同等效力，但其中一份提货后，其余各份均告失效。副本提单承运人不签署，份数根据托运人和船方的实际需要而定。副本提单只用于日常业务，不具备法律效力。

3. 提单的内容

目前，世界上从事国际货物运输的各航运公司几乎都有自己的提单格式，一些托运人、货运代理人也通常有自己的提单格式，且内容上大同小异，一般包括正面记载事项和背面条款两个部分。

（1）提单正面的内容

通常，提单正面都记载了有关货物和货物运输的事项。各国关于提单的法规都对提单的必要记载事项作出规定，且各国对提单的必要记载事项规定是基本相同的。我国《海商法》规定，提单内容包括下列各项：

1）关于货物的描述：货物的品名、标志、包数或者件数、重量或者体积，以及运输危险货物时对危险性质的说明。

2）关于当事人：托运人和收货人的名称、承运人的名称和主营业所。

3）关于运输事项：船舶名称和国籍、装货港和在装货港接收货物的日期、卸货港和运输路线、多式联运提单增列接收货物地点和交付货物地点。

4）关于提单的签发：提单的签发日期、地点和份数；承运人、船长或其代理人的签字。

5）关于运费和其他应付给承运人的费用的记载。

在以上各项中，除了在内陆签发多式联运提单时的船舶名称、签发海运提单时的接收货物地点和交付货物地点，以及关于运费的支付等三项可以缺少外，其他都是不可缺少的。一般地，关于提单的签发和其他应付给承运人的费用等几项记载由承运人填写，其他都由托运人填写。除上述各必要事项外，如承运人与托运人协议，同意将货物装于舱面；或约定承运人在目的港交付货物的日期；或同意提高承运人的责任限额；或同意扩大承运人的责任；或同意放弃承运人的某些免责；或其他有关法律规定的事项等，都应在提单正面载明。

提单正面的内容还可有一些以打印、手写或印章形式记载的事项。一些是属于承运人因业务需要而记载于提单正面的事项，如航次顺号，船长姓名，运费支付的时间、地点、汇率、提单编号及通知人等；一些是属于区分承运人与托运人之间的责任而记载的事项，如关于数量争议的批注；一些是属于为减轻或免除承运人责任而加注的内容，如为了扩大或强调提单上已印妥的免责事项，对于一些易于受损的特种货物，承运人在提单上加盖的以对此种损坏免责为内容的印章等。

（2）提单正面的条款

提单正面条款是指以印刷的形式，将以承运人免责和托运人作出的承诺为内容的契约文句，列记于提单的正面。常见的有以下条款：

1）装船（或收货）条款。

如："Shipped in board the vessel named above in apparent good order and condition（unless otherwise indicated）the goods or packages specified herein and to be discharged at the above mentioned port of discharge or as near thereto as the vessel may safely get and be always afloat."（上列外表状况良好的货物或包装（除另有说明者外）已装在上述指名船只，并应在上列卸货港或该船能安全到达并保持浮泊的附近地点卸货。）

2）内容不知悉条款。

如："The weight, measure, marks, numbers, quality, contents and value, being particulars furnished by the Shipper, are not checked by the Carrier on loading."（重量、尺码、标志、号数、品质、内容和价值是托运人所提供的，承运人在装船时并未核对。）

3）承认接受条款。

如："The Shipper, Consignee and the Holder of this Bill of Lading hereby expressly accept and agree to all printed, written or stamped provisions, exceptions and conditions of this Bill of Lading, including those on the back hereof."（托运人、收货人和本提单持有人兹明白表示接受并同意本提单和它背面所载一切印刷、书写或打印的规定、免责事项条件。）

4）签署条款。

如："In witness whereof, the Carrier or his Agents has signed Bills of Lading all of this tenor and date, one of which being accomplished, the others to stand void. Shippers are requested to note particularly the exceptions and conditions of this Bill of Lading with reference to the validity of the insurance upon their goods."（为证明以上各项，承运人或其代理人已签署各份内容和日期一样的正本提单，其中一份如果已完成提货手续，其余各份均告失效。要求发货人特别注意本提单中关于该货保险效力的免责事项和条件。）

4. 提单的类型

（1）按货物是否装船划分

1）已装船提单（On Board B/L, Shipped B/L）。

指整票货物已全部装进船舱或装在舱面甲板上后承运人才签发的提单。提单是买方凭以提货的依据，为了确保能在目的地提货，一般都要求卖方提供已装船提单，以证明货物确已装船。由于信用证中一般均要求提供已装船提单，银行也因此只接受表明货已装船或已装具名船只的提单。

表示货已装船或已装具名船只的方法有两种：一种是由提单上印就的"货已装船"或"货已装具名船只"这类词表示，另一种是由提单上加批的词语证明货已装具名船只。

货物装载在船只上，可分为置于舱面（即甲板上，loaded on deck）与置于舱内（即甲板下，loaded under deck）。若在提单中载有"loaded on deck"，"loaded on deck"或"stowed on deck"等批注，这类提单称为甲板货提单或舱面提单（On Deck B/L），它表示货物装载于甲板上。一般收货人都不喜欢其货物置于甲板上，因甲板上的货物易遭雨淋水浸或卷入海中等损失，与甲板下货物相比，危险性更大，对买方不利。除非发货人同意，承运人将不属于甲板货（Deck Cargo）的普通货物装载于甲板上，以致发生毁损或灭失的，必须承担赔偿责任。如果提单上载有上述批注，表示该项装载已获托运人同意。根据《UCP 500》（《跟单信用证统一惯例（1993）》，国际商会第 500 号出版物）第 31 条，银行将不予接受有这类批注的提单。

但是，根据海运的惯例，即使运输条款没有规定，承运人也有权将货物装载于甲板上，只要他对货物的灭失负责。为了说明他的这种权利，提单条款中往往有承运人有权将货装甲板的内容。这种提单不算是甲板货提单。

若提单只是表明货可装甲板，而并没有明确注明已装或将装甲板，银行可以接受。

> **小贴士**：集装箱货物装甲板是很普遍的情况，如果要求不要装载在甲板上，并显示在提单上，应该在订舱前就和承运人确认好。

2）收货待运提单（Received for Shipment B/L）。

收货待运提单简称待运提单，是在托运人已将货物交给承运人，承运人已接管等待装船的货物后，向托运人签发的提单。有时船公司因船期问题，指定仓库预收货物，根据仓库收据签发收妥待运提单，准备交由日后到港船只装运。特别是随着集装箱运输的发展，因集装箱船航运公司大多在内陆收货站收货，而收货站是不能签发已装船提单的。通常此种待运提单上记载 "received for shipment in apparent good order and condition…" 等文句，表示签发提单时，承运人仅将货物收管准备于不久后装船，而实际上当时还未装船。由于这些货物尚未装船，所以提单上并未载明装运船舶的船名和装运日期。有时提单上虽有船名，也多属拟装船名，该船能否如期到达将货运出，船公司并不负责。正因为如此，进口商一般不欢迎这种提单，如果进口商付款后取得的提单对货物能否及时装船并没有确切的保证，一旦货物不能顺利装船，进口商便无货可提。所以信用证项下银行一般不会接受这种提单。

（2）按对货物的外表状况是否有不良的批注划分

1）清洁提单（Clean B/L）。

这是指货物装船时，货物的外表状况良好，对提单上所印就的 "外表状况明显良好"（in apparent good order and condition）没有作相反的批注（superimposed clause）或附加条文的提单。信用证要求的提单均为清洁提单。银行审单时应注意审核是否为清洁提单。

信用证是国际贸易中最常用的结算方式，几乎所有的信用证业务都是根据《UCP 500》办理的。

如果提单上没有打上 "Clean" 字样或原先印就的 "Clean" 字样被承运人删除，并不影响提单成为清洁提单。也就是说，提单清洁与否，不依提单上是否有 "清洁" 字样，根据《UCP 500》第 32 条的定义，只要是 "不带有明确宣称货物及/或包装缺陷状况的附加条文可批注的运输单据" 就是清洁单据，因此提单上有无 "清洁" 字样并无意义，不能因为没有此字样就构成单据不符，即便信用证可能要求 "清洁已装船" 的提单或注明 "清洁已装船" 的提单，提单也无需显示 "清洁" 字样。

2）不清洁提单（Foul B/L）。

这是指承运人在提单上加注了有关货物及包装状况不良或存在缺陷等批注的提单。承运人签发提单给托运人，要对托运人、收货人或其他提单持有人承担提单上所载的责任。提单上记载了 "received（or shipped）from the shipper herein named in apparent good order and condition, unless otherwise noted in this B/L…"，表示除非另有说明，否则，即表明货物表面状况良好。

提单上常见的批注类型有：

①对货物与包装状况的批注，如：

ONE BAG BROKEN（一包破）

ONE BALE OF RUBBER STAINED BY WATER（一包橡胶水渍）

ALL TIMBER LOADED WET（全部木材装船水湿）

ONE CARTON NO. 23 MIDDEW STAINED（第 23 号纸箱有霉迹）

TWO BOXES CARSHDE，CONTENTS EXPOSED（两箱打碎，货物暴露）

THREE STEEL TUBES BENT（三条钢管弯曲）

DAMAGED BY VERMINS（RATS）（有虫或被鼠咬）

TWO DRUNS，NOS. 3，5，BADLY DENTED N/R FOR CONDITION OF CONTENTS（第 3 号、5 号桶严重碰凹，船方对其内容不负责）

②对货物数量的批注，如：

SHORT SHIPPED ONE JAR（少装一坛）

SHUT OUT FIVE CASES（少装五箱）

（3）按提单中 "收货人" 一栏的填写方式划分

1）记名提单（Straight B/L）。

这是指在提单上具体写明收货人名称的提单。有以下几种记名方式：

①Consigned to A Co. Ltd.

②Deliver to A Co. Ltd.

③Onto A Co. Ltd.

记名提单只能由该指定的收货人凭此提货，提单不能转让，可以避免转让过程中可能带来的风险，一般用于贵重商品、展品及援外物资的运输。记名提单的收货人可以是买主、开证行或代收行，但银行一般不愿接受以买主为收货人的记名提单。因为一些国家的惯例是记名提单的收货人可以不凭正本提单而仅凭 "到货通知"（notice of arrival）上的背书和收货人的身份证明即可提货，这样银行如垫款却不能掌握货权，风险太大。

2）指示提单（Order B/L）。

这是在提单上的收货人栏中有 "Order"（凭指示）字样的提单。实务中常见的可转让提单是指示提单。指示提单必须经过背书转让，可以是空白背书，也可以是记名背书。

指示提单有四种抬头：

①凭银行指示。即提单收货人栏填写为 "to the order of ×× Bank"。

②凭收货人指示。即提单收货人栏填写为 "to the order of A. B. C. Co. Ltd"。

③凭发货人指示。即提单收货人栏填写为 "to the order of shipper"，并由托运人在提单背面空白背书。这种提单亦可根据信用证的规定而做成记名背书。托收人也可不做背书，在这种情况下则只有托运人可以提货，即卖方保留货物所有权。

④不记名指示。即提单收货人栏填写为"to the order"，并由托运人在提单背面做空白背书，亦可根据信用证的规定而做成记名背书。

指示提单一经空白背书就成了不记名提单，可以自由转让。如果提单已经由托运人做了空白背书，其后不必再做背书即可转让。

3）不记名提单（Blank B/L, open B/L, bearer B/L）。

也叫来人提单，指在提单"收货人"栏内只填写 to Bearer（提单持有人）或将这一栏空出不写的提单。来人提单不需要任何背书手续即可转让，或提取货物，极为方便。但如果提单遗失或被窃，然后再转让给善意的第三者手中时，或者在无正本提单凭担保提货时，极易引起纠纷。所以在信用证结算方式下，较少使用这种提单。有些国家明文规定不准使用不记名提单。

（4）按提单内容的繁简程度划分

1）全式提单（Long Form B/L）。

这是指详细列有承运人和托运人之间的权利、义务等条款的提单。由于条款繁多，所以又称繁式提单。在国际贸易中，目前使用的提单都是这种提单。

2）简式提单（Short Form B/L）。

这是指提单上印明"简式"字样，仅有正面提单内容，而背面是空白的提单。一般提单背面记载有承运人与托运人的责任、权利和义务的条款，但简式提单背面空白，在一定程度上影响了它的流通性，所以有些信用证明确规定不接受简式提单。但只要没有这种明确规定，银行便可以接受简式提单。在这种情况下，提单上一般均加列"本提单货物的收受、保管、运输和运费等事项，均按本公司全式提单的正面、背面的铅印、手写、印章和打字等书面的条款和例外条款办理，该全式提单存本公司、分支机构或代理人处，可供托运人随时查阅"等字样。简式提单在美国很流行。

（5）按不同的运输方式划分

1）直达提单（Direct B/L）。

这是指由承运人签发的，货物从起运港装船后，中途不经过换船直接运达卸货港的提单。直达提单中关于运输记载的基本内容里，仅记载有起运港和卸货港，不能带有中途转船的批语。凡信用证规定不许转运或转船者，受益人必须提供直达提单。

2）转船提单（Transshipment B/L）。

这是指货物在起运港装船后，船舶不直接驶往货物的目的港，需要在其他中途港口换船转运往目的港的情况下承运人所签发的提单。为节省转船附加费，减少货运风险，收货人一般不同意转船，但直运常常不可能不转船，没有哪个港口能通往全世界各港口，我国最大的港口上海，也只能抵达200多个港口，所以国际贸易中转船运输方式是常见的。

3）联运提单（Through B/L）。

联运方式是指有两个或两个以上承运人联合起来运送货物的方式，各承运人对自己所执行的运程负责。在货物到达转运地后，由第一程承运人或其代理人将货物交给下一运输区段的承运人或其代理人继续运往目的地。在联运方式中由第一承运人签发的包括全程在内并收取全程费用的提单称为联运提单。第一承运人虽然签发全程提单，但他也只对第一运程负责。

（6）按签发提单的时间、地点划分

1）倒签提单（Anti-date B/L）。

这是指承运人或其代理人应托运人的要求，在货物装船完毕后，以早于该票货物实际装船完毕的日期作为提单签发日期的提单。当货物的实际装船时间迟于信用证规定的装运期时，托运人为了使提单日期与信用证之规定相符，常常请求承运人按信用证规定日期签单。承运人倒签提单的做法，掩盖了事实真相，是隐瞒迟期交货的侵权行为，要承担风险。特别是当市场上货价下跌或其他原因，收货人可以"伪造提单"为由拒收货物，并向法院起诉，因此，承运人不能签发这种提单。

2）顺签提单（Post-date B/L）。

情况与倒签提单相反，提单记载的签发日期晚于货物实际装船日期。其做法与上述倒签提单相同，承运人是要承担风险的。

3）预签提单（Advanced B/L）。

这是指在信用证有效期即将届满，而货物尚未装船或尚未装船完毕的情况下，托运人要求承运人提前签发的已装船清洁提单。即托运人为了能及时结汇而从承运人那里借用的已装船清洁提单。承运人签发这种提单，不仅同样掩盖了事实真相，而且面临着比签发倒签提单更大的风险。一方面是因为货物尚未装船而签发清洁提单，有可能增加承运人的货损赔偿责任；另一方面，签发提单后，可能因种种原因而改变原定的装运船舶，或发生货物灭失、损坏，或退关，这样就会使收货人掌握预借提单的事实，以此为由拒绝收货，并向承运人提出赔偿要求，甚至向法院起诉。但与倒签提单一样，实务中为了经济利益，承运人得到托运人的保函后也可能签发这种提单。银行不接受倒签提单和预签提单。如果开证行发现提单倒签和预签，并有证据证实，可以伪造单据为由拒付。

4）异地签单。

为了满足货主在贸易上的需要，为货主提供更快捷、更优质的合作方而设。需由装货港代理在货物装船后，并确认运费及港杂费的收取后（也可在异地支付），将签发提单的样单传给签单地代理签发正本提单。客户需以书面提出申请，并告知签单地取单公司的具体地址、联系人、电话、传真、邮箱等具体资料。许多船公司均会收取异地签单通知费，与文件费用金额大致相同。

5. 提单的缮制

海运提单一般就是指港至港已装船提单，习惯上简称为海运提单。海运提单的格式，每家船公司都有不同，但各项栏目、内容基本一致。提单的缮制和银行审核提单的基本要求是"单单一致"、"单证相符"。下面介绍海运提单的缮制及审核中的注意事项：

1）提单编号（B/L No.）。

提单号的编制必须符合每一个公司的编号规则。

2）托运人（Shipper）。

托运人也称发货人（Consignor），不论下述何种方式显示，提单一旦签发，托运人即为此运输合同的当事人。

3）收货人（Consignee）。

如要求记名提单，则可填上具体的收货人名称；如属指示提单，则填为"指示"（Order）或"凭指示"（To Order）；如需在提单上列明指示人，则可根据不同要求，做成"凭托运人指示"（To Order of Shipper）、"凭收货人指示"（To Order of Consignee）或"凭银行指示"（To order of ××Bank）。

4）通知人（Notify Party）。

一般为收货人的代理人或者就是收货人，货到目的港时由承运人通知其办理报关提货等手续。此栏应填写通知方公司的全称、地址、电话及传真等资料，如果提单上收货人已有卸货地的详细联系资料，此栏可以填第三国的资料（有些国家不接受，如巴基斯坦、沙特、印度等，因此应尽量避免）。如果有第二通知方，则可以填写位于任何国家的第二通知方的资料。在信用证项下的提单，如信用证上对提单被通知人有具体规定时，则必须严格按信用证要求填写。船公司对一些政治不稳定的国家目的港的通知人栏内容要求会特别严格，如美国总统轮船公司（APL）对运往伊朗阿巴斯港的货物，如无收货人、通知人联系资料，货即使出运了，也只卸在阿联酋，等资料齐全与收货人联系上后才将货物运进该港，费用当然由货方承担。

通知方不是合同当事人，不享有合同规定的权利，也不承担义务。

5）船名和航次号（Vessel/Voyage）。

此栏填写海运船的船名和航次号，一般是填写第一程船的船名。如果货物需转运，则在这一栏填写第二程的船名。

6）前段运输（Pre-carriage by）、转船港（Port of Transhipment）、接货地（Place of Receipt）。

这些栏目仅在货物被转运/联运/多式联运时填写。如果货物需转运，则在前两栏分别填写第一程船的船名和中转港口名称。单式海运即港对港运输方式下，"Port of Loading"、"Ocean Vessel"、"Port of Discharge"三栏内正确填写，港口（Port）与地点（Place）是不同的概念。有些提单印有"收货地点"（Place of Receipt）和"交货地点/最后目的地"（Place of Delivery/Final Destination）等栏目，供提单用作多式联运（Multi-modal Transport）或联合运输（Combined Transport）运输单据时用。前段运输也为多式联运方式所专用。

7）装运港（Port of Loading）。

装货港是承运人将货物装船起运的港口，是收货人根据提单上注明的货物装船日期，或者提单签发日期，计算船舶预期到达卸货港时间的依据。装运港应严格按信用证规定填写。

8）卸货港（Port of Discharge）、交货地（Port of Delivery）。

卸货港栏必须按货物实际卸下基本港口名称填写，不得空白。其他基本港口转到非基本港口或内陆点则填在"Port of Delivery"一栏。填写卸货港、交货地还要注意同名港口问题，很多船公司要求操作中必须在港口后加注国家的名字。

9）最终目的地（Final Destination）。

目的港不能是笼统的名称，必须列出具体的港口名称。如国际上有重名港口，还应加国名。世界上有170多个港口是同名的，例如与"Newport"（纽波特）港同名的港口有5个，爱尔兰和英国各有1个，美国有2个，还有荷属安的列斯1个；"Portsmouth"（朴次茅斯）港也有5个，英国1个，美国4个；"Santa Cruz"（圣克鲁斯）港有7个，其中2个在加那利群岛（Canary Islands），2个在亚速尔群岛（Azores Islands），另外3个分别在阿根廷、菲律宾和美国；而"Victoria"（维多利亚）港有8个，巴西、加拿大、几内亚、喀麦隆、澳大利亚、塞舌尔、马来西亚和格林纳达都有。

10）正本提单的份数（No. of Original B/L）。

提单签发份数按托运人要求（信用证要求）而定，通常为全套正本提单一式三份（一份正本也可以是全套），提单上注明全套正本提单的份数显示为"Three"，每一份都具有同等的法律效力。通常在提单上就印明："承运人或其代理人已签发内容和日期相同的各份提单，其中经一份完成提货手续后，其余各份便失效。"

通常所说的提单是指正本提单，提单并非一定要注明"正本"字样才能接受为正本。注有"正本"（Original），标明"First Original"、"Second Original"、"Third Original"、"Duplicate"、"Triplicate"等类似表述的运输单据一般都是正本。副本提单上一般注有"副本"（Copy）、"不能流通"（Non-negotiable）字样。不可转让的副本提单无需任何签字或证实，只有正本提单可流通、交单、议付，副本则不行。

11）标志和号码（Mark & No. s）。

俗称唛头。唛头即为了装卸、运输及存储过程中便于识别而刷在外包装上的装运标记，是提单的一项重要内容，是提单与货物的主要联系要素，也是收货人提货的重要依据。提单上的唛头应与发票、装箱单等其他单据以及实际货物保持一致，否则会给提货和结算带来困难。唛头内的每一个字母、数字、图形、排列位置等应与信用证规定完全一致，保持原形状，不得随便错位、增减等。没有唛头，可以表示"No Mark"或"N/M"。但标志是货物特性的代号，标志不清或者不当，容易造成货物混票。整柜货物此类问题相对较少，但拼箱货物为了易于区别一般都会有唛头。

12）件数和包装种类（Number and Kind of Packages）。

本栏填写包装数量和包装单位。如果散装货物无件数时，可表示为"In Bulk"（散装）。

13）商品名称（Description of Goods）。

商品名称也叫货描，应按实际出货的品名以及其他单据如发票品名来填写。货物明细须有清楚、完整的货品叙述，但应注意避免不必要的描述，更不能画蛇添足地增加内容。如果品名繁多、复杂，则银行接受品名描述用统称表示（不得与信用证中货物的描述相抵触），但有些国家规定不得使用太过笼统的货品描述。如美国进口货物提单上"各种货物"（Freight All Kinds/FAK）、"不知"（Said to Contain/STC）、"百货"（General Cargo、General Goods、General Merchandise）、"化学品"（Chemicals）、"食物"（Foodstuffs）或其他泛指性的货物描述均不能被接受。如果信用证规定以法语或其他语种表示品名时，亦应按其语种表示。

为了保护承运人的利益，整箱货物必须加注免责条款"SHIPPER'S LOAD, COUNT AND SEAL, SAID TO CONTAIN（S. T. C.）"。此条款不适用于拼箱货物。

14）毛重（Gross Weight）。

提单上毛重应与发票或装箱单相符。提单上显示的重量有限制，一般以公斤（KG）

为计量单位，各船公司制单时均知道什么港口有什么样的规定，因此出货代提单时如果对货物重量有疑问，必须先与船公司确认是否接受。有些提单上也会同时以磅（LB/Libra，1LB＝0.454KG）显示重量。

15）尺码（Measurement）。

即货物的体积、也叫材积，以立方米（CBM/CUM/Cubic Meter）为计量单位。少数提单上也会同时显示立方英尺（CBF/Cubic Feet，1CBM＝35.315CBF）。

16）运费条款（Freight Clause）。

通常提单除注明运费数额外，还注明运费支付地点及支付方式。

运费条款应按信用证规定注明。如信用证未明确，可根据价格条件是否包含运费决定如何批注。主要有以下几种情况：

①如果是CIF、CFR等价格条件，运费在提单签发之前支付者，提单应注明"Freight paid"（运费已付）或"Freight prepaid"（运费预付）。

②FOB、FAS等价格条件，运费在目的港支付者，提单应注明"Freight collect"、"Freight to collect"、"Freight to be collected"（运费到付或运费待收），或注"Freight payable at destination"（运费目的港支付）。

③如果运费预付，因商业秘密问题，卖方或船公司不愿意暴露运费费率的情况下，提单均可注"Freight paid as arranged"（运费已照约定付讫），或者运费按照约定的时间或办法支付，提单可注"Freight as arranged"或"Freight payable as per arrangement"。但对于美国航线，有些公司无论预付、到付，都要在提单上显示运费。此外有些地区要求必须显示，如巴西海关要求提单上必须显示海运费。

④对于货物的装船费和装卸费等负担问题，通常船方要求在提单上注明有关条款，如：

"F. I."（Free In），船方不负担装船费；

"F. O."（Free Out），船方不负担卸船费；

"F. I. O."（Free In and Out），船方不负担装船费和卸船费；

"F. I. O. S."（Free In, Out and Stowed），船方不负担装卸费和理舱费；

"F. I. O. S. T."（Free In, Out, Stowed and Trimmed），船方不负担装卸费、理舱费和平舱费。

此类表示详见运输条款描述。

⑤海运预付买卖合同是CIF或C&F至某一港，如孟买，但最终运至新德里（T/P），在这种情况下，发货人只负责起运至孟买的费用，从孟买到新德里（T/P）的费用、责任与风险全由收货人负责。

另需注意的是，不论预付还是到付，均仅指海运费，不包括直接收货附加费、燃油附加费、到港提货费等费用，所以除海运费的其他附加费用付款方式常单独列出。如若为第三地付款，须提供付款人的详细资料，以便通知第三地收款。为避免争议，"付款地"一栏务必体现具体的付款地点（如Shenzhen、Hamburg），而不要显示为"Freight to be paid at destination"等笼统描述。

17）运输条款描述。

运输条款、方式规定了货物运输的方式和责任区间，并与相应的运费条款相对应。因此必须正确显示在提单上，以区分承运人与货方的责任区间。集装箱运输中，整箱货和拼箱货在船货双方之间的交接方式有以下几种：

①Door to Door：由托运人负责装载的集装箱，在其货仓或厂库交承运人验收后，负责全程运输，直到收货人的货仓或工厂仓库交箱为止。这种全程连线运输，称为"门到门"运输。

②Door to CY：由发货人货仓或工厂仓库至目的地或卸箱港的集装箱装卸区堆场。

③Door to CFS：由发货人货仓或工厂仓库至目的地或卸箱港的集装箱货运站。

④CY to Door：由起运地或装箱港的集装箱装卸堆场至收货人的货仓或工厂仓库。

⑤CY to CY：由起运地或装箱港的集装箱装卸区堆场至目的地或卸箱港的集装箱装卸区堆场。

⑥CY to CFS：由起运地或装箱港的集装箱装卸区堆场至目的地或卸箱港的集装箱货运站。

⑦CFS to Door：由起运地或装箱港的集装箱货运站至收货人的货仓或工厂仓库。

⑧CFS to CY：由起运地或装箱港的集装箱货运站至目的地或卸箱港的集装箱装卸区堆场。

⑨CFS to CFS：由起运地或装箱港的集装箱货运站至目的地或卸箱港的集装箱货运站。

18）柜号、封号（Container No. & Seal No.）。

柜号、封号必须保证正确，否则在目的港清关会出现问题。封号错误，如果发生货损、货差，将产生争议纠纷。因此签发外代正本提单前必须核对实际装船时的柜号、封号。

19）集装箱或包装总数（Total Number of Containers or Packages）。

此栏需大写。如为 FCL，一般表示集装箱数，如"SAY ONE CONTAINER ONLY"，"ONE FORTY FOOT CONTAINER ONLY"；如为 LCL，一般只写件数、包装种类大写，表示如"SAY EIGHTY CARTONS ONLY"，"SAY FOUR HUNDRED FORTY-ONE PALLETS ONLY"。

20）提单签发地点和日期（Place and Date of Issue）。

签单地址一般是承运人收受货物或装船的地址。提单的签发日期是货物由承运人接收的日期或者装船的日期。

21）提单签发人签字（Signed for the Carrier）。

提单的签发人是承运人、船长或者承运人的代理人。根据《海商法》，载货船舶的船长签发的提单视为代表承运人签发，而无需承运人事先明确授权，即船长签发的提单的权利由法律所赋予。在实践中，提单通常由承运人在装货港委托的代理人签发，但代理人必须有这种授权。通常提单上注明作为代理人为承运人（For and on behalf of the carrier as agent）签发，否则对承运人不产生法律效力。即提单抬头是什么，名章就签什么，不对应就要打上"As agent"字样，如"As agent for the Carrier：XXX Lines"。

提单范本如图 3-5 所示：

PAGE TWO

SHIPPER

CONSIGNEE

NOTIFY PARTY. CARRIER NOT TO BE RESPONSIBLE FOR FAILURE TO NOTIFY

BILL OF LADING

Vge:

B/L No.

CMA CGM

The French Line

CMA CGM Société Anonyme au Capital de 175 000 000 Euros
Head office: 4, quai d'Arenc · 13002 Marseille · France
Tel: (33) 4 91 39 30 00 · Fax: (33) 4 91 39 30 95 · Telex: 401 667 F
B 562 024 422 R.C.S. Marseille

OR

PRE CARRIAGE BY*	PLACE OF RECEIPT*	FREIGHT TO BE PAID AT	NUMBER OF ORIGINAL Bs/L
OCEAN VESSEL	PORT OF LOADING	PORT OF DISCHARGE	FINAL PLACE OF DELIVERY*

MARKS AND NOS CONTAINER AND SEALS	NO AND KIND OF PACKAGES	DESCRIPTION OF PACKAGES AND GOODS AS STATED BY SHIPPER SHIPPERS STOW LOAD AND COUNT	GROSS WEIGHT CARGO	TARE	MEASUREMENT

ABOVE PARTICULARS DECLARED BY SHIPPER. CARRIER NOT RESPONSIBLE.

RECEIVED by the Carrier from the shipper in apparent good order and condition (unless otherwise noted herein) the total numbers or quantity of Containers or other packages or units indicated above stated by the shipper to comprise the cargo specified above for transportation subject to all the terms hereof (including the terms on page one) from the place of receipt or the port of loading, whichever applicable, to the port of discharge or the place of delivery, whichever applicable.

Delivery of the Goods will only be made on payment of all Freight and charges. On presentation of this document (duly endorsed) to the Carrier, by or on behalf of the holder, the rights and liabilities arising in accordance with the terms hereof shall (without prejudice to any rule of common law or statutes rendering them binding upon the shipper, holder and Carrier) become binding in all respects between the Carrier and Holder as though the contract contained herein or evidenced hereby had been made between them.

All claims and disputes arising under or in connection with bill of lading shall be determined by the courts of MARSEILLE at the exclusion of the courts of any other country.

In witness whereof three (3) original Bills of Lading unless otherwise stated above have been issued, one of which being accomplished, the others to be void.

(OTHER TERMS AND CONDITIONS OF CONTRACT ON PAGE ONE)
IMPRIMERIE SAF1 · 67800 BISCHHEIM · 11/99

PLACE AND DATE OF ISSUE

SIGNED FOR THE CARRIER ·CMA CGM

BY_____ AS AGENT

SIGNED FOR THE SHIPPER

*APPLICABLE ONLY WHEN THIS DOCUMENT IS USED AS A COMBINED TRANSPORT BILL OF LADING

图 3-5 提单范本

任务二　租 船 运 输

一、租船运输概述

(一) 租船运输的基本概念

租船运输 (Carriage of Goods by Charting) 是相对于班轮运输的另一种海上运输方式，其既没有固定的船舶班期，也没有固定的航线和挂靠港，船期、航线及港口均按租船人 (Charterer) 和船东 (Ship Owner) 双方签订的租船合同 (Charter Party) 规定的条款执行。也就是说，根据租船合同，船东将船舶出租给租船人使用，以完成特定的货运任务，并按商定的运价收取运费。

(二) 租船运输的类型

1. 航次租船 (Voyage Charter，Trip Charter)

又称"程租船"或"程租"，是指由船舶所有人向承租人提供船舶或船舶的部分舱位在指定的港口之间进行单向或往返的一个航次或几个航次用以运输指定货物的租船运输方式。它是租船市场上最活跃、最普遍的一种租船方式。按双方约定的航次数，航次租船又可分为：单航次租船 (Single Voyage Charter)、往返航次租船 (Return Voyage Charter)、连续航次租船 (Consecutive Voyage Charter)。

2. 定期租船 (Time Charter)

又称"期租船"或"期租"，是指由船东将特定的船舶，按照租船合同的约定，在约定的期间内租给承租人使用的一种租船方式。这种租船方式以约定的使用期限为船舶租期，而不以完成航次的多少来计算。在租期内，承租人利用租赁的船舶既可以进行不定期船货运输，也可以投入班轮运输，还可以在租期内将船舶转租，以取得运费收入或谋取租金差额。租期的长短完全由船东和承租人根据实际需要进行约定。

定期租船中，还有一种特殊的方式：航次期租 (Time Charter Trip，TCT)。这是介于航次租船和定期租船之间的一种租船方式。没有明确的租期期限，而只确定了特定的航次，以完成航次运输为目的，按实际租用天数和约定的日租金率计算租金，费用和风险则按期租方式处理。此方式将船舶各种延误风险转嫁给承租人。船舶所有人不承担航次租船中承运人的最低义务，即派船和管货的义务。

3. 光船租船 (Bare-boat Charter)

又称为光租、船壳租船。这种租船方式实质是财产租赁。租期内，船舶人员、物资配备、揽货运营都由承租人负担。这一方式来源于战争时期政府对船舶的征用。现在，随着船舶信贷的发展和方便旗被广泛应用，光船租船有所增加。有的班轮公司为了提高自身运力，也采用这种方式。

4. 包运租船 (Contact of Affreightment)

指船舶所有人向承租人提供一定吨位的运力，在确定的港口之间，按事先约定的时间、航次周期和每航次较为均等的运量，完成合同规定的全部货运量的租船方式。

二、租船程序

租船程序（Chartering Procedure，Chartering Process）主要是双方当事人通过电话、电传、电子邮件、传真，经过询盘、发盘、还盘和受盘四个阶段，完成签订租船合同业务的全过程。

（一）询盘（Inquiry，Enquiry）

询盘的目的和作用是让对方知道发票人的意向和需求情况。承租人和船舶出租人都可以询价。租船人根据自己对货物运输的需求或对船舶的特殊要求通过租船经纪人在租船市场上发出租用船舶的意向。船舶出租人可以通过租船经纪人向租船市场发出承揽货物的询盘，也可以不通过租船经纪人之间发出询盘。询盘不具有法律效力，可以修改。这里主要以承租人的立场来进行询盘。

承租人航次租船询价的主要内容包括：承租人的名称及营业地点、船舶类型、载重吨及特殊要求、租期及租金率、交/还船地点、日期和解约日、希望采取的租船合同范本等。

承租人定期租船询价的主要内容包括：承租人的名称及营业地点、船舶类型、载重吨及特殊要求、租期和租金、交/还船地点、航行区域、交船日期和解约日期、希望采取的租船合同范本等。

（二）发盘（Offer）

又称为租船报价或租船发盘，承租人或船舶出租人围绕询价中的内容，就租船合同涉及的主要条件答复询价的行为。内容可以先谈主要条款，然后再谈细节条款。主要发盘内容同询盘内容。

（三）还盘（Counter Offer）

我国《合同法》将还盘视为反要约的行为，即新的发盘，指接受方对发盘中的一些条件提出修改，或提出自己的新条件，并向发盘人提出的过程。

还盘也有虚实之分，还实盘时，对方一经接受，合同即告成立；还虚盘时，必有附带条件，这时，还盘反复多次，直到双方达成协议或中止洽谈。

（四）受盘（Acceptance）

即明确接受或确认对方所报的各项租船条件，这是租船程序的最后阶段，在《合同法》中这一阶段被称为承诺，一旦承诺生效，则意味着合同也同时成立。

有效的受盘必须在发盘或还盘规定的时限内，且不能有保留条件，若超过时限，接受发盘的一方应获得另一方再次确认才能生效。没有保留条件的接受，称之为实盘。

（五）签约（Conclusion of Charter Party）

正式的合同一般是在双方接受主要条款后开始拟制。受盘后，实盘中的条款已产生约束双方的效力。按照国际惯例，在条件允许的情况下，一般在签订正式合同前，先签署一份备忘录（Fixture Note）或"订租确认书"，作为简式的租船合同。

合同可以由承租人或船舶所有人自己签约，也可以授权租船代理人签约。一般一式两份，当事人各持一份作为存档备用。

三、租船运输合同

（一）航次租船合同的主要内容

航次租船合同的主要内容有：

(1) 合同当事人——出租人和承租人条款；

(2) 船舶概况。包括船名、船籍、船级、船舶吨位；

(3) 船舶位置；

(4) 预备航次；

(5) 装卸港口；

(6) 受载期与解约日；

(7) 货物情况。包括货物的种类、货物的数量、提供货物的时间；

(8) 装卸费用的分担；

(9) 运费。包括运费的计收方法、运费的支付与赚取；

(10) 装卸时间；

(11) 滞期与速遣；

(12) 代理人；

(13) 责任中止与货物留置条款；

(14) 其他条款。

（二）定期租船合同的主要内容

定期租船合同的主要内容有：

(1) 船舶概况。定期租船合同中，此部分内容基本上与航次租船合同相同；

(2) 租期；

(3) 交船；

(4) 还船；

(5) 租金支付；

(6) 撤船；

(7) 停租；

(8) 转租条款；

(9) 其他条款。

【项目小结】

　　国际贸易中，80%左右的业务是通过海运来完成的，这足以证明海上货运代理在国际货运代理中的重要性，本项目主要要求掌握班轮运输的含义、特点；掌握集装箱班轮运输流程与费用的计算，掌握海运流程中主要单证的使用和缮制；理解租船运输的含义，掌握租船运输的种类、租船程序；了解租船合同的内容。

【思考与练习】

一、单项选择题

1. 在保险人所承保的海上风险中，雨淋、渗漏属于（　　　）。
   A. 自然灾害　　　　　B. 意外事故　　　　　C. 一般外来风险　　　　D. 特殊外来风险

2. 在海运过程中，被保险物被海盗劫持造成的损失属于（　　　）。
   A. 实际全损　　　　　B. 推定全损　　　　　C. 共同海损　　　　D. 单独海损

3. 船舶搁浅时，为使船舶脱险而雇用驳船强行脱浅所支出的费用，属于（　　　）。
   A. 实际全损　　　　　B. 推定全损　　　　　C. 共同海损　　　　　D. 单独海损

4. 某外贸公司出口茶叶 5 公吨，在海运途中遭受暴风雨，海水涌入舱内，致使一部分茶叶发霉变质，这种损失属于（　　　）。
   A. 实际全损　　　　　B. 推定全损　　　　　C. 共同海损　　　　　D. 单独海损

5. 依据我国《海商法》，集装箱运输下承运人的责任期间为（　　　）。
   A. 装港接收货物时起至卸港交付货物时止
   B. 装上船至卸下船
   C. 船舷到船舷
   D. 仓库到仓库

6. 依据中国人民保险公司（PICC）《海洋运输货物保险条款》，一批货物投保了平安险，运输途中发生下列何种损失，保险人才予以赔偿损失？（　　　）
   A. 货物遭淡水雨淋　　　　　　　　B. 货物部分被人偷窃
   C. 货物遇台风和雷击被烧坏部分　　D. 货物因船舶搁浅而水湿

7. 国际货运代理所承担的责任风险主要产生于（　　　）。
   A. 国际货运代理本身的过失　　　　B. 分包人的过失
   C. 保险责任不合理　　　　　　　　D. 以上皆是

8. 下列不在中国人民保险公司《海洋运输货物保险条款》中一切险承保范围的是（　　　）。
   A. 偷窃提货不着险　　B. 渗漏险　　　　　C. 战争险　　　　　D. 串味险

9. 下列选项中不会造成货物汗湿的是（　　　）。
   A. 通风不良　　　　　　　　　　　B. 衬垫、隔离不当
   C. 积载不当　　　　　　　　　　　D. 作业人员自身的防暑措施不到位

二、多项选择题

1. 在海上保险业务中，构成被保险货物"实际全损"的情况有（　　　）。
   A. 保险标的物完全灭失
   B. 保险标的物丧失已无法挽回
   C. 保险标的物发生变质，失去原有使用价值
   D. 船舶失踪达到一定时期

2. 根据我国现行《海洋运输货物保险条款》的规定，能够独立投保的险别有（　　　）。
   A. 平安险　　　　　　B. 水渍险　　　　　C. 一切险　　　　　D. 战争险

3. 根据我国现行《海洋运输货物保险条款》的规定，下列损失中，属于水渍险承保

范围的有（　　）。

    A. 由海啸造成的被保货物的损失

    B. 由于下雨造成的被保货物的损失

    C. 由于船舱淡水水管渗漏造成的被保货物的损失

    D. 由于船舶搁浅造成的被保货物的损失

4. 国际货运代理人的除外责任有（　　）。

    A. 货物包装不牢固、缺乏或不当所致　　B. 货物自然特征或潜在缺陷

    C. 不可抗力　　　　　　　　　　　　　D. 货运代理自己的过失或疏忽

三、简答与计算题

1. 班轮运输和租船运输的含义分别是什么？各有什么特点？

2. 某进出口公司委托一家国际货代公司代办一小桶货物以海运方式出口国外，货物重量为 0.5 吨，小桶（圆柱体）的直径为 0.7 米，桶高为 1 米。货代查询了合作船公司的运价本，运价本中对该货物运输航线、港口、运价等的规定为：基本运价是每运费吨支付 100 美元；燃油附加费按基本运费增收 10%；货币贬值附加费按基本运费增收 10%；计算标准是 W/M，起码提单按 1 运费吨计。作为货运代理企业的相关负责人，请你计算该批货物的运费并告诉货主以下内容：

（1）货物的运费吨是多少？

（2）该批货物的基本运费是多少？

（3）该批货物的附加运费是多少？总的运费是多少？

3. 租船运输合同订立的基本业务流程是什么？

4. 简述班轮运输的流程。

5. 简述国际货物海洋运输集装箱班轮运输中涉及的主要单据，并分别简要介绍。

四、案例分析题

1. 某货代公司接受货主委托，安排一批茶叶海运出口。货代公司在提取了船公司提供的集装箱并装箱后，将整箱货交给船公司。同时，货主自行办理了货物运输险。收货人在目的港拆箱提货时发现集装箱内异味浓重，经查明，该集装箱前一航次所载货物为精萘，致使茶叶受精萘污染。请问：

（1）收货人可以向谁索赔？为什么？

（2）最终应由谁对茶叶受污染事故承担赔偿责任？

2. 某出口公司按 CIF 条件（即成本、保险费加运费）成交一批货物，并向中国人民保险公司投保了水渍险，货物在转船过程中遇到大雨。货到目的港后，收货人发现货物有明显的雨水浸渍，损失达 70%，因而向该公司提出索赔。

请问：该公司能接受吗？为什么？

【课后案例】

盲目使用记名提单导致的国际贸易中的隐患

1997 年 4 月，上海 A 公司与美国一代理商签订了一份金额为 USD105 000 的纺织

品出口合同，6 月初收到直接买户开出的不可撤销信用证，信用证要求出具记名 A 公司的提单，并指定货物装运美国某船公司。货物出运后全套单据经通知行寄往开证行，正常的结汇时间已过，但货款一直未到账，此时收到开证行的不符点电报，称单据有一处不符点，全套单据由开证行暂为保管。A 公司查货物下落，船公司告知货物已被提走。A 公司要求船公司作出解释，三份正本提单仍在银行，A 公司也并无放货指令，凭什么放货？船公司告知，记名提单可不凭正本提单，仅凭收货人的身份证明即可放货，船公司无责任。不久三份正本提单连同其他单据被开证行退回，A 公司面临着手持正本提单却货、款两空的残酷现实。在要求船公司赔偿货物无果的情况下，A 公司一纸诉状把船公司推上了被告席。然而被告认为此案适用于美国 1936 年海上运输法，放货的理由是提单背面条款中已约定，按此法规定记名提单项下承运人可以不凭正本提单放货，只要收货人提供了证明自己合法身份的有关文件即可。一审上海海事法院认定，被告未提供完整的美国 1936 年海上运输法律文本，无从依据，故本案适用于中国《海商法》，根据我国《海商法》第 17 条的规定，提单无论是记名或不记名都是物权凭证，承运人必须凭正本提单放货，现原告正本提单在手，被告已将货物放掉，属于严重侵权行为，判决被告赔偿原告全部货款和利息损失。被告不服，立即上诉上海市高级人民法院，要求终审法院依据美国法律改判此案。在法庭的要求下，上诉方提供了完整的美国 1936 年海上运输法文本，通过研读这份完整的法律文本发现，此法只适用于往来美国港口的运输业务，此案并未涉及美国港口，故终审判决：驳回上诉，维持原判。终审判决书下达 7 天内，A 公司即收到了被告赔偿的全部货款及利息。

【案例启示】

必须谨慎使用记名提单。如果信用证要求记名提单，最好要求改证；如果客户坚持使用记名提单，须弄清原委，了解运输业务所涉及国家对记名提单物权凭证属性的法律规定，如货物装运到美国的货物就不宜使用记名提单，或在记名提单上加注声明"此提单适用于中国《海商法》"，以约束承运人必须凭正本提单放货，这样才能保证信用证项下贸易的安全。

【案例思考】

请结合案例，分析出口企业在提单缮制环节中可能发生的风险。

项目四　国际航空货运代理

☞学习目标

教学目的： 通过本项目的学习，要求学生掌握航空运费的构成、航空运费的计算，能够初步判断航空运输各利益方的基本权利与义务，能够正确缮制航空货运相关单证，能够处理航空货运中出现的不正常运输现象。

教学重难点： 航空运费的计算和航空货运单的缮制；航空货运中出现的不正常运输现象的处理。

教学课时： 16 学时。

【导入案例】

青岛某货主将一批价值 10000 美元、共计 10 箱的丝织品通过 A 航空公司办理空运，经北京出口至法国巴黎。货物交付后，由 B 航空公司代理。A 航空公司于 2003 年 1 月 1 日出具了航空货运单一份。该货运单注明：第一承运人为 B 航空公司，第二承运人是 C 航空公司，货物共 10 箱，重 250 千克。货物未声明价值。B 航空公司将货物由青岛运抵北京，1 月 3 日准备按约将货物转交 C 航空公司时，发现货物灭失。为此，B 航空公司于当日即通过 A 航空公司向货主通知货物已灭失。为此，货主向 A 航空公司提出书面索赔要求，要求 A 航空公司全额赔偿。根据以上案情，请思考以下问题：

(1) 谁应当对货物的灭失承担责任？

(2) 货主要求全额赔偿有无依据？

(3) 航空公司应该赔偿的数额是多少？

任务一　航空货运代理概述

一、航空运输基础知识

（一）国际航空货物运输组织

1. 国际航空运输协会

国际航空运输协会（International Air Transport Association，IATA）是世界航空运输企业自愿联合而建立的非政府性国际组织。其会员必须是民用航空组织成员国的空运企业。

64

国际航空运输协会对于直接或间接从事国际航空运输工作的各空运企业提供合作的途径，其宗旨是"为了世界人民的利益，促进安全、正常而经济的航空运输"。

2. 国际民用航空组织

国际民用航空组织（International Civil Aviation Organization，ICAO）是联合国的一个专门机构，1944年为促进全世界民用航空的安全、有序发展而成立。民航组织总部设在加拿大蒙特利尔，制订国际空运标准和条例，是各缔约国在民航领域中开展合作的媒介。2013年9月28日，中国在加拿大蒙特利尔召开的国际民航组织第38届大会上再次当选为一类理事国。

国际民航组织的宗旨和目的在于发展国际航行的原则和技术，促进国际航空运输的规划和发展。具体而言有：保证全世界国际民用航空的安全和有序发展；鼓励为和平用途的航空器的设计和操作技术；鼓励发展国际民用航空应用的航路、机场和航行设施；满足世界人民对安全、正常、有效和经济的航空运输的需要；防止因不合理的竞争而造成经济上的浪费；保证缔约各国的权利充分受到尊重，每一缔约国均有经营国际空运企业的公平的机会；避免缔约各国之间的差别待遇；促进国际航行的飞行安全；普遍促进国际民用航空在各方面的发展。

以上九条共涉及国际航行和国际航空运输两个方面的问题。前者为技术问题，主要是安全；后者为经济和法律问题，主要是公平合理，尊重主权。两者的共同目的是保证国际民航安全、正常、有效和有序地发展。

（二）世界航空货运时区

国际航空运输协会将世界划分为三个航空运输业务区（见图4-1）：TC1区、TC2区、TC3区。三大区的服务范围如下：

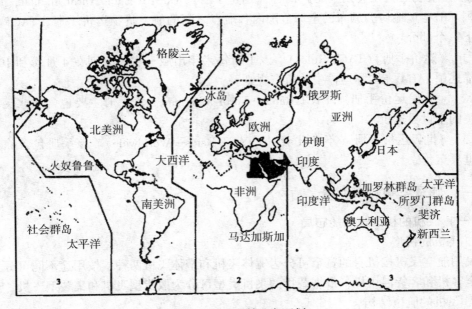

图 4-1　航空运输业务区划

1. TC1 区

主要分为四个次区：加勒比次区、墨西哥次区、远程次区、南美次区。主要包括美国、加拿大、墨西哥、阿根廷、巴西、巴拿马等北美洲、中美洲和南美洲国家和地区。

2. TC2 区

主要分为三个次区：欧洲次区、中东次区、非洲次区。主要包括法国、英国、巴林、科威特、也门等欧洲、非洲和中东的国家和地区。

3. TC3 区

主要分为四个次区：亚太大陆次区、东南亚次区、太平洋次区、日本朝鲜次区。主要包括中国、阿富汗、印度、新加坡、澳大利亚、新西兰、日本、朝鲜等东亚、中亚、南亚、大洋洲的国家和地区。

（三）航空货运相关代码

为了使航空运输业务操作简洁方便，国际航空运输协会给其成员国的所有国家、城市和机场统一授予相应的两字代码和三字代码，供各单位使用。

国际航空运输协会将其成员国国家名称用两个英文字母表示，城市名称用三个英文字母表示，如武汉用"WUH"表示。机场代码由三个英文组成的三字代码，如洛杉矶国际机场用"LAX"表示。详细内容可参见《航空货物运价及规则手册》。

（四）航空货运手册

1.《航空货运指南》

《航空货运指南》（Air Cargo Guide，OAG），主要是公布全货机和可装载货物客机的航班时刻表，每月出版一期。

2.《航空货物运价及规则手册》

《航空货物运价及规则手册》简称《运价手册》（The Air Cargo Tariff Manual，TACT），是指国际航空运输协会颁布的全球范围内各航点之间的航空货物运价手册。TACT 主要分为以下三个部分：

（1）《运价手册》（TACT Rules）。该手册每半年出版一次，分别在 4 月份和 10 月份，主要描述了 IACA 在国际运输中的所有规则。

（2）《北美运价手册》（TACT Rates—North America）。该手册主要包含从北美出发或到北美的全世界运价。

（3）《世界运价手册（不含北美）》（TACT Rates—Worldwide）。该手册包含除北美外的全世界运价。

二、航空运输设施设备

（一）飞机的机型与货舱布局

1. 飞机的机型

民用航空飞机按机身的宽窄可分为宽体飞机和窄体飞机两种；按用途不同可分为全货机、全客机和客货混用机；依据载货的飞机类型可分为散货型飞机和集装型飞机。

2. 飞机的舱位结构

民用运输飞机主要分为两种舱位：主舱（Main Deck）和下舱（Lower Deck）；大型民

用航空运输飞机有三个舱位：上舱（Up-per Deck）、主舱和下舱，如图 4-2 所示：

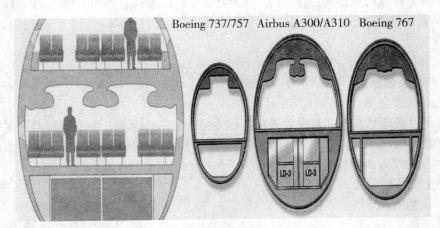

图 4-2 飞机舱位结构图

3. 货舱布局

货舱一般位于飞机的下腹部，有前货舱和后货舱，通常情况下被分为若干个分货舱。其中窄体飞机下舱通常用来装运散装货物，称为散货舱；宽体飞机下舱主要是装载集装货物，因此称为集装货物舱。

4. 货物尺寸及包装规定

因为飞机的货舱门尺寸不同，所以货物包装需要符合规定的尺寸，常见的飞机货舱门尺寸如表 4-1 所示：

表 4-1　　　　　　　　　　　　各型飞机货舱门及收货尺寸

机型	前后货舱门/cm	散货舱门/cm	收货尺寸/cm
MD-90	135×72		125×62
MD-82	135×75		125×65
A-320	120×180		110×170
B737-200	821×20		75×110
B757-200	110×140		100×130
FK-100	75×65		65×55
B767-200	集装板、箱	120×90	
A-300	集装板、箱	120×90	
MD-11	集装板、箱	120×90	

对于空运货物的尺寸，有如下规定：

（1）非宽体飞机载运的货物，每件货物重量不超过 80kg，体积不超过 $40 \times 60 \times 100 cm^3$；

（2）宽体飞机载运的货物，每件货物重量不超过 250kg，体积不超过 $100 \times 100 \times 140 cm^3$；

（3）每件货物的长、宽、高之和不得小于 40cm。

（二）集装化设备

1. 集装化设备简介

集装化设备即集装器，被视为飞机结构中可拆卸的一部分。能放集装器的飞机货舱底部一般设置滚轴及叉眼装置，集装器可以平稳地进入货舱，并牢固地固定在机舱内。

2. 集装化设备的类型

集装化设备按用途可分为：

（1）集装板。

集装板是具有标准尺寸的，四边带有卡销轨或网带卡销限，中间夹层为硬铝合金制成的平板，以使货物在其上码放。网套是用来把货物固定在集装板上的装置，靠专门的卡锁装置来固定。

（2）集装棚。

非结构式集装棚：无底、前端敞开，套到集装板及网套之间。

结构式集装棚：与集装板固定成一体，不需要网套。

（3）航空集装箱。

航空集装箱是指在飞机的底舱与主舱中使用的一种专用集装箱，与飞机的固定系统直接结合，不需要任何附属设备。

每个集装器都有国际航空运输协会编号，编号由九位字母与数字组成，例如 AKE1204WH。每位含义如下：第一位表示集装器的种类码；第二位表示底板尺寸码；第三位表示箱外形、与机舱相容性码；第四位至第七位表示集装器序号码，由各航空公司对其所拥有的集装器进行编号；第八、第九位表示注册号码，一般为航空公司的 ITAT 二字代码。

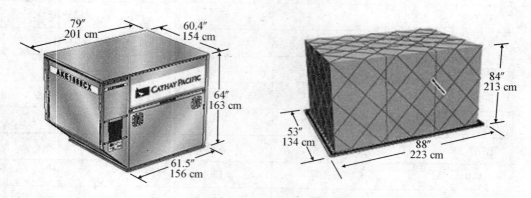

图 4-3　空运集装箱、集装板

三、航空运输方式

航空运输主要有班机运输、包机运输、集中托运、包舱包板和航空快递业务。

(一) 班机运输

班机运输 (Scheduled Airline) 指具有固定开航时间、航线和停靠航站的飞机。通常为客货混合型飞机，也有一些比较大的航空公司在一些航线上开辟定期的货运航班，使用全货机运输。班机运输，特别是通常的客货混合型飞机货舱容量较小，运价较贵，且由于航期固定，不利于客户安排生鲜等商品或急需商品的运送。

(二) 包机运输

包机运输 (Chartered Carrier) 是指航空公司按照约定的条件和费率，将整架飞机租给一个或若干个包机人 (包机人指发货人或航空货运代理公司)，从一个或几个航空站装运货物至指定目的地。包机运输适合于大宗货物运输，费率低于班机，但运送时间比班机长。包机运输可以分为整包机和部分包机两类。

1. 整包机

整包机即包租整架飞机，指航空公司按照与租机人事先约定的条件及费用，将整架飞机租给包机人，从一个或几个航空港装运货物至目的地。

包机人一般要在货物装运前一个月与航空公司联系，以便航空公司安排运载和向起降机场及有关政府部门申请、办理过境或入境的有关手续。

包机的费用为一次一议，随国际市场供求情况变化而变化。

2. 部分包机

部分包机是由几家航空货运公司或发货人联合包租一架飞机或者由航空公司把一架飞机的舱位分别卖给几家航空货运公司装载货物。部分包机适用于托运不足一架整飞机舱容但货量又较重的货物运输。

部分包机运输与班机运输相比，时间比班机长，各国政府为了保护本国航空公司利益，常对从事包机业务的外国航空公司实行各种限制。

包机的优点主要有：

第一，可以解决班机舱位不足的矛盾。

第二，货物全部由包机运出，节省时间，同时也减少了多次发货的手续。

第三，弥补没有直达航班的不足，且不用中转。

第四，减少货损、货差或丢失现象。

第五，在空运旺季可以缓解航班紧张状况。

第六，可以解决海鲜、活动物的运输问题。

(三) 集中托运

集中托运 (Consolidation) 可以采用班机或包机运输方式，是指航空货运代理公司将若干批单独发运的货物集中成一批向航空公司办理托运，填写一份总运单送至同一目的地。这种托运方式，可降低运费，是航空货运代理的主要业务之一。

(四) 包舱包板

包舱包板 (Air Board Package/Module) 是指托运人根据所运输的货物在一定时间内

需要单独占用飞机部分或全部货舱、集装箱、集装板，而承运人需要采取专门措施予以保证的一种营运方式。目前航空公司通常采取固定包舱和非固定包舱两种形式。

1. 固定包舱

固定包舱指托运人在承运人的航线上通过包舱包板的方式运输时，托运人无论是否向航空公司交付货物，都必须支付协议上规定的运费。

2. 非固定包舱

非固定包舱指托运人在承运人的航线上通过包舱包板的方式运输时，托运人在航班起飞前 72 小时，如果没有确定舱位，承运人则可以自由销售舱位，托运人向航空公司支付已经确定舱位的运费，没有确定舱位部分，则无需向航空公司支付运费。

（五）航空快递

航空快递（Air Express Service）是指航空快递企业利用航空运输，收取收件人的快件并按照向发件人承诺的时间将其送交指定地点或者收件人，掌握运送过程的全部情况并能将即时信息提供给有关人员查询的门对门速递服务。

任务二　航空货运运费计算

货物的航空运费是指将一票货物自始发地机场运输到目的地机场所应收取的航空运输费用。货物的航空运费主要由两个因素组成，即货物适用的运价与货物的计费重量。由于航空运输货物的种类繁多，货物运输的起讫地点所在航空区域不同，每种货物所适用的运价也不同。换言之，运输的货物种类和运输起讫地点的 IATA 区域使航空货物运价乃至运费计算需要分门别类。同时，由于飞机业务载运能力受飞机最大起飞全重和货舱本身体积的限制，货物的计费重量需要同时考虑其体积重量和实际重量两个因素。又因为航空货物运价的"递远递减"的原则，产生了一系列重量等级运价，而重量等级运价的起码重量也影响着货物运费的计算。由此可见，货物航空运费的计算受多种因素的影响。

一、航空运价基础知识

（一）航空运价基本概念

1. 运价

运价是指承运人对所运输的每一重量单位货物（公斤或磅）所收取的自始发地机场至目的地机场的航空费用。运价是指机场与机场之间的空中费用，不包括承运人、代理人或机场收取的其他费用。

（1）航空货物运价所使用的货币

用于公布航空货物运价的货币称为运输始发地货币。

货物的航空运价一般以运输始发地的本国货币公布，有些国家以美元代替其本国货币公布。运输始发地销售的航空货运单的任何运价、运费值均应为运输始发地货币，即当地货币。如以美元公布货物运价的国家的当地货币为美元。

（2）货物运价的有效期

销售航空货运单所使用的运价应为填制货运单之日的有效运价，即在航空货物运价有效期内适用的运价。

2. 航空运费

货物的航空运费是指航空公司将一票货物自始发地机场运至目的地机场所应收取的航空运输费用。该费用根据每票货物所适用的运价和货物的计费重量计算而得。每票货物是指使用同一份航空货运单的货物。由于货物的运价是指货物运输起讫地点间的航空运价，航空运费就是指运输始发地机场至目的地机场间的运输货物的航空费用，不包括其他费用。

3. 其他费用

其他费用是指由承运人、代理人或其他部门收取的与航空货物运输有关的费用。在组织一票货物自始发地至目的地运输的全过程中，除了航空运输外，还包括地面运输、仓储、制单、国际货物的清关等环节，提供这些服务的部门所收取的费用即为其他费用。

4. 运价类别

航空货物运价一般分为四类：一般货物运价、特种货物运价或指定货物运价、等级货物运价、集装箱货物运价。

（二）计费重量

计费重量（Chargeable Weight）是指用以计算货物航空运费的重量。货物的计费重量或者是货物的实际毛重，或者是货物的体积重量，或者是较高重量分界点的重量。

1. 实际毛重

包括货物包装在内的货物重量称为货物的实际毛重（Actual Gross Weight）。由于飞机最大起飞全重及货舱可用业载的限制，一般情况下，对于高密度货物，应考虑其体积毛重可能会成为计费重量。

2. 体积重量

按照国际航协规则，将货物的体积按一定的比例折合成的重量，称为体积重量（Volume Weight）。由于货舱空间体积的限制，一般对于低密度的货物，即轻泡货物，其体积重量可能会成为计费重量。

不论货物的形状是否为规则的长方体或正方体，计算货物体积时，均应以最长、最宽、最高的三边的长度计算。长、宽、高的小数部分按四舍五入取整。体积重量（kg）的折算，换算标准为每 $6000cm^3$ 折合 1kg。即：

$$体积重量 = \frac{货物体积}{6000cm^3/kg}$$

3. 计费重量

一般地，计费重量采用货物的实际毛重与货物的体积重量两者中较高者；但当货物按较高重量分界点的较低运价计算的航空运费较低时，则此较高重量的分界点的货物起始重量作为货物的计费重量。国际航协规定，国际货物的计费重量以 0.5kg 为最小单位，重量尾数不足 0.5kg 的，按 0.5kg 计算；0.5kg 以上不足 1kg 的，按 1kg 计算。

当使用同一份运单，收运两件或两件以上可以采用同样种类运价计算运费的货物时，计费重量为货物总的实际毛重与总的体积重量两者中较高者。同上所述，较高重量分界点重量也可能成为货物的计费重量。

（三）最低运费

最低运费（Minimum Charges）是指一票货物自始发地机场至目的地机场航空运费的最低限额，就是航空公司办理一批货物所能接受的最低金额，不论货物的重量和体积大小。货物按其适用的航空运价与其计费重量计算所得的航空运费，应与货物最低运费相比，取高者。

（四）货物航空运价、运费的货币进整

货物航空运价及运费的货币进整，因货币的币种不同而不同。运费进整时，需将航空运价或运费计算到进整单位的下一位，然后按半数进位法进位，计算并得到航空运价或运费，达到进位单位一半则入，否则舍去。采用进整单位的规定，主要用于填制航空货运单（AWB）。销售 AWB 时，所使用的运输始发地货币，按照进整单位的规定计算航空运价及运费。

二、国际货物运价的种类

按运价的组成形式划分，国际货物运价包括协议运价、公布直达运价和非公布直达运价。

按货物的性质划分，国际货物运价包括普通货物运价、指定商品运价、等级运价和集装货物运价。

三、国际货物运价使用的一般规定

首先，在使用顺序上，优先使用协议运价；如果没有协议运价，使用公布直达运价；如果没有协议运价和公布直达运价，使用比例运价；最后采用分段相加运价（最低组合）。

其次，货物运价应为填开货运单当日承运人公布的有效货物运价。

再次，货物运价的使用必须严格遵守货运运输路线的方向性，不可反方向使用运价。

最后，使用货物运价时，必须符合货物运价注释中要求和规定的条件。

四、公布直达运价的使用

公布直达运价是指承运人直接在运价资料中公布的从运输始发地至运输目的地的航空运价。

运价的公布形式有 N、Q45 等运价结构，也有 B、K 运价结构（欧洲内特有的运价结构）。N 运价，即 Normal General Cargo Rate，指的是标准的普通货物运价；Q 运价则为 Quantity Rate，指的是重量等级运价。

指定商品运价与普通货物运价同时公布在 TACT Rates Books 中。等级货物运价计算规则在 TACT Rules 中公布，需结合 TACT Rates Books 一起使用。

公布直达运价的运价结构见表 4-2：

表 4-2 公布直达运价的运价结构

Date/Type	Note	Item	Min. Weight	Local Curr.
BEIJING	CN	BJS		
Y. RENMINBI	CNY	KGS		
TOKYO	JP	M		230. 00
		N		37. 51
		45		28. 13
	0008	300		18. 80
	0300	500		20. 61
	1093	100		18. 43
	2195	500		18. 80

表格说明：第一栏，Date/Type——公布运价的生效或失效日期以及集装器运价代号；

本栏中若无特殊标记，说明所公布的运价适用于在本手册有效期内销售的 AWB。

第二栏，Note——相对应运价的注释，填制货运单时，应严格按照注释所限定的内容执行。

第三栏，Item——指定商品运价的品名编号；

第四栏，Min. Wight——使用相对应运价的最低重量限额；

第五栏，Local Curr.——用运输始发地货币表示的运价或最低运费。

（一）普通货物运价

1. 定义、代号及一般规则

普通货物运价（General Cargo Rate，GCR）是指除了等级货物运价和指定商品运价以外的适合于普通货物运输的运价。该运价公布在 TACT Rates Books 的 "Section 4" 中。

一般地，普通货物运价根据货物重量不同，分为若干个重量等级分界点运价。例如，"N" 表示标准普通货物运价（Normal General Cargo Rate），指的是 45kg 以下的普通货物运价（如无 45kg 以下运价时，"N" 表示 100kg 以下普通货物运价）。同时，普通货物运价还公布有 "Q45"、"Q100"、"Q300" 等不同重量等级分界点的运价。这里 "Q45" 表示 45kg 以上（包括 45kg）普通货物的运价，依此类推。对于 45kg 以上的不同重量分界点的普通货物运价均用 "Q" 表示。

用货物的计费重量和其适用的普通货物运价计算而得的航空运费不得低于运价资料上公布的航空运费的最低收费标准（M）。

这里，代号 "N"、"Q"、"M" 在航空货运单的销售工作中，主要用于填制货运单运费计算栏中 "Rate Class" 一栏。

2. 运费计算

［例 1］ 由北京运往东京一箱服装，毛重 31.4kg，体积尺寸为 80cm×70cm×60cm，计算该票货物的航空运费。

公布运价如下：

BEIJING	CN		BJS
Y. RENMINBI	CNY		KGS
TOKYO	JP	M	230.00
		N	37.51
		45	28.13

解:

体积（Volume）:	80cm×70cm×60cm=336000cm^3
体积重量（Volume Weight）:	336000cm^3÷6000cm^3/kg=56.0kg
毛重（Gross Weight）:	31.4kg
计费重量（Chargeable Weight）:	56.0kg
适用运价（Applicable Rate）:	GCR Q 28.13CNY/kg
航空运费（Weight Charge）:	56.0×28.13=CNY1575.28

[**例2**] 北京运往新加坡一箱水龙头接管，毛重35.6kg，计算其航空运费。

公布运价如下:

BEIJING	CN		BJS
Y. RENMINBI	CNY		KGS
SINGAPORE	SG	M	230.00
		N	36.66
		45	27.50
		300	23.46

解: （1）按实际重量计算:

毛重（Gross Weight）:	35.6kg
计费重量（Chargeable Weight）:	36.0kg
适用运价（Applicable Rate）:	GCR N 36.66CNY/kg
航空运费（Weight Charge）:	36.0×36.66=CNY1319.76

（2）采用较高重量分界点的较低运价计算:

计费重量（Chargeable Weight）:	45.0kg
适用运价（Applicable Rate）:	GCR Q 27.50CNY/kg
航空运费（Weight Charge）:	27.50×45.0=CNY1237.50

（1）与（2）比较，取运费较低者。即航空运费为 CNY1237.50。

[**例3**] 由上海运往日本大阪一件洗发香波样品5.3kg，计算其航空运费。

公布运价如下:

SHANGHAI	CN		SHA
Y. RENMINBI	CNY		KGS
OSAKA	JP	M	230.00
		N	30.22
		45	22.71

解：

毛重（Gross Weight）：	5.3kg
计费重量（Chargeable Weight）：	5.5kg
适用运价（Applicable Rate）：	GCR N 30.22CNY/kg
航空运费（Weight Charge）：	5.5×30.22＝CNY166.21
最低运费（Minimum Charge）：	CNY230.00

此票货物的航空运费应为 CNY230.00。

（注：运价资料来源于《国航航空运价手册》2002 年第 38 期）

（二）指定商品运价

1. 定义及代号

指定商品运价是指适用于自规定的始发地至规定的目的地运输特定品名货物的运价。

通常情况下，指定商品运价低于相应的普通货物运价。就其性质而言，该运价是一种优惠性质的运价。鉴于此，指定商品运价在使用时，对于货物的起讫地点、运价使用期限、货物运价的最低重量起点等均有特定的条件。

使用指定商品运价计算航空运费的货物，其航空货运单的"Rate Class"一栏，用字母"C"表示。

2. 指定商品运价传统的分组和编号

在 TACT Rates Books 的"Section 2"中，根据货物的性质、属性以及特点等对货物进行分类，共分为十大组，每一组又分为十个小组。同时，对其分组形式用四位阿拉伯数字进行编号。该编号即为指定商品货物的品名编号。

3. 指定商品运价的使用规则

在使用指定商品运价时，只要所运输的货物满足下述三个条件，则运输始发地和运输目的地就可以直接使用指定商品运价：①运输始发地至目的地之间有公布的指定商品运价；②托运人所交运的货物品名与有关指定商品运价的货物品名相吻合；③货物的计费重量满足指定商品运价使用时的最低重量要求。

4. 运费计算

（1）先查询运价表，如有指定商品代号，则考虑使用指定商品运价；

（2）查找 TACT Rates Books 的品名表，找出与运输货物品名相对应的指定商品代号；

（3）如果货物的计费重量超过指定商品运价的最低重量，则优先使用指定商品运价；

（4）如果货物的计费重量没有达到指定商品运价的最低重量，则需要比较计算。

[**例4**] 从北京运往大阪 20 箱鲜蘑菇，共 360.0kg，每件体积长、宽、高分别为 60cm× 45cm×25cm，计算航空运费。公布运价如下：

BEIJING		CN		BJS
Y. RENMINBI		CNY		KGS
OSAKA	JP		M	230.00
			N	37.51
			45	28.13
	0008		300	18.80
	0300		500	20.61
	1093		100	18.43
	2195		500	18.80

解：查找 TACT Rates Books 的品名表，蘑菇可以使用"0008"（新鲜蔬菜和水果）的指定商品运价。由于货主交运的货物重量符合"0850"指定商品运价使用时的最低重量要求，运费计算如下：

体积（Volume）：	60cm×45cm×25cm×20＝1350000cm³
体积重量（Volume Weight）：	1350000cm³÷6000cm³/kg＝225kg
计费重量（Chargeable Weight）：	360.0kg
适用运价（Applicable Rate）：	SCR 0008/Q300 18.80CNY/kg
航空运费（Weight Charge）：	360.0×18.80＝CNY6768.00

（注：在使用指定商品运价计算运费时，如果其指定商品运价直接使用的条件不能完全满足，例如货物的计费重量没有达到指定商品运价使用的最低重量要求，使得按指定商品运价计得的运费高于按普通货物运价计得的运费时，则按低者收取航空运费（见例2）。）

[**例5**] 例4中，如果货主交运 10 箱蘑菇，毛重为 180kg，计算其航空运费。

（1）按指定商品运价使用规则计算：

实际毛重（Actual Gross Weight）：	180.0kg
计费重量（Chargeable Weight）：	300.0kg
适用运价（Applicable Rate）：	SCR 0008/Q300 18.80CNY/kg
航空运费（Weight Charge）：	300.0×18.80＝CNY6768.00

（2）按普通运价使用规则计算：

实际毛重（Actual Gross Weight）：	180.0kg
计费重量（Chargeable Weight）：	180.0kg
适用运价（Applicable Rate）：	GCR Q45 28.13CNY/kg
航空运费（Weight Charge）：	180.0×28.13＝CNY5063.40

对比（1）与（2），取运费较低者，即航空运费为 CNY5063.40。

[**例6**] 例5中,如果货主交运2箱蘑菇,毛重为36kg,计算其航空运费。

分析:由于货物计费重量仅36kg,而指定商品运价最低重量要求300kg,因此采用普通货物运价计算,求得较低运费。

(1) 按标准普通货物运价计算运费:

实际毛重 (Actual Gross Weight):   36.0kg

计费重量 (Chargeable Weight):   36.0kg

适用运价 (Applicable Rate):   GCR N 37.51CNY/kg

航空运费 (Weight Charge):   36.0×37.51=CNY1350.36

(2) 按"Q45"运价计算运费:

实际毛重 (Actual Gross Weight)   36.0kg

计费重量 (Chargeable Weight):   45.0kg

适用运价 (Applicable Rate):   GCR Q45 28.13CNY/kg

航空运费 (Weight Charge):   45.0×28.13=CNY1265.85

对比 (1) 与 (2),取运费较低者,即航空运费为 CNY1265.85。

(三) 等级货物运价

1. 等级货物运价的定义与货物种类

等级货物运价是指在规定的业务区内或业务区之间运输特别指定的等级货物的运价。

国际航空运输协会规定,等级货物包括以下各种货物:活动物;贵重货物;书报杂志类货物;作为货物运输的行李;灵柩、骨灰;汽车;等等。

2. 运价代号及使用规则

等级货物运价是在普通货物运价基础上附加或附减一定百分比的形式构成,附加或附减规则公布在 TACT Rules 中,运价的使用须结合 TACT Rates Books 一同使用。

通常附加或不附加也不附减的等级货物用代号"S"(Surcharged Class Rate)表示,附减的等级货物用代号"R"(Reduced Class Rate)表示。

国际航空运输协会规定,对于等级货物运输,如果属于国际联运,并且参加联运的某一承运人对其承运的航段有特殊的等级货物百分比,即使运输起讫地点间有公布的直达运价,也不可以直接使用。此时,应采用分段相加的办法计算运输始发地至运输目的地的航空运费。此项规则在此不详细说明。

以下所述的各种等级货物运价均为运输始发地至运输目的地之间有公布的直达运价,并且可以直接使用情况下的运价计算。

3. 活动物运价

中国至世界各区的活动物运价见表4-3。

运价表中有关内容说明如下:

(1) 名称解释

①Baby Poultry,幼禽类,指出生不足72小时的幼禽;

②Monkeys and Primates,猴类和灵长类;

③Cold Blooded Animals,冷血动物类;

④All Live Animal,指除上述三类以外的所有活动物。

表 4-3　　中国至世界各区的活动物运价

IATA AREA (see Rule 1.2.2. "Definitions of Areas")

	Within 1		Within 2 (see also Rule 3.7.1.3.)	Within 3	Between 1 & 2		Between 2 and 3	Between 3 & 1	
	to/from Canada	Other sectors			to/from Canada	Other sectors		to/from Canada	Other sectors
ALL LIVE ANIMALS Except: A. Baby Poultry less than 72 hours old B. Monkeys and Primates C. Cold blooded animals'	150% of appl. GCR *Except: 9 below*	Normal GCR *Except: 10 below*	150% of Normal GCR *Except: 1 below*	Normal GCR or over 45kgs. *Except: 2,3, 17 below*	150% of appl. GCR *Except: 6,12 below*	Normal GCR or over 45kgs. *Except: 6,14 below*	Normal GCR *Except: 3,7, 16 below*	150% of appl. GCR *Except: 3 below*	Normal GCR or over 45kgs. *Except: 3,13, 15 below*
A. BABY POULTRY less than 72 hours old	150% of appl. GCR *Except: 9 below*	appl. GCR	Normal GCR	Normal GCR or over 45kgs. *Except: 3,17 below*	150% of appl. GCR *Except: 12 below*	Normal GCR or over 45kgs. *Except: 5,14 below*	Normal GCR or over 45kgs. *Except: 3,16 below*	150% of appl. GCR *Except: 3 below*	Normal GCR or over 45kgs. *Except: 3,13, 15 below*
B. MONKEYS and PRIMATES	150% of appl. GCR *Except: 9 below*	appl. GCR	150% of Normal GCR *Except: 1 below*	Normal GCR *Except: 3,17 below*	150% of appl. GCR *Except: 12 below*	appl. GCR *Except: 14 below*	Normal GCR *Except: 3,16 below*	150% of appl. GCR *Except: 3 below*	appl. GCR *Except: 3,15 below*
C. COLD BLOODED ANIMALS'	150% of appl. GCR *Except: 8 below*	Normal GCR *Except: 10 below*	150% of Normal GCR *Except: 1 below*	Normal GCR *Except: 2,3, 17 below*	125% of appl. GCR *Except: 11 below*	Normal GCR *Except: 14 below*	Normal GCR *Except: 3,16 below*	125% of appl. GCR *Except: 3 below*	Normal GCR *Except: 3,13, 15 below*

注：资料来源于《运价手册》2001 年第 53 期。

表中的"Except"表示一些区域的运价规则与表中规则有例外的情况，使用时应严格按照 *TACT Rules* 的规则要求，计算正确的航空运费。

（2）运价规则的运用说明

① "Normal GCR"，使用45kg以下的普通货物运价，如无45kg以下的普通货物运价，可使用100kg以下普通货物运价；不考虑较高重量点较低运价；

② "Normal GCR or Over 45kgs"，使用45kg以下普通货物运价，或者45kg以上普通货物运价；即使有较高重量分界点的较低运价，也不可以使用；

③ "Appl. GCR"，使用相适应的普通货物运价；

④ "as a percentage of Appl. GCR"，按相应的普通货物运价附加某个百分比使用。

（注：运输动物所用的笼子等容器、饲料、饮用水等重量包括在货物的计费重量内。）

（3）活动物运输的最低收费标准（M）

①IATA 三区内：相应 M 的 200%；

②IATA 二区与三区之间：相应 M 的 200%；

③IATA 一区与三区之间（除到/从美国、加拿大以外）：相应 M 的 200%；

④从 IATA 三区到美国：相应 M 的 110%；

⑤从美国到 IATA 三区：相应 M 的 150%；

⑥IATA 三区与加拿大之间：相应 M 的 150%。

（注：对于冷血动物，有些区域间有特殊规定，应按规则严格执行。）

[例7] 从北京运往温哥华一只大熊猫，重400.0kg，体积尺寸长、宽、高分别为150×130×120cm，计算航空运费。

公布运价如下：

BEIJING			CN		BJS
Y. RENMINBI			CNY		KGS
VANCOUVER	BC	CA		M	420.00
				N	59.61
				45	45.68
				100	41.81
				300	38.79
				500	35.77

解：查找活动物运价表，从北京运往温哥华，属于自三区运往一区的加拿大，运价的构成形式是"150% of Appl. GCR"。

运费计算如下：

（1）按查找的运价构成形式来计算：

体积（Volume）：　　　　　　　　　$150cm \times 130cm \times 120cm = 2340000cm^3$

体积重量（Volume Weight）：　　　$2340000cm^3 \div 6000cm^3/kg = 390.0kg$

计费重量（Chargeable Weight）：　$400.0kg$

适用运价（Applicable Rate）： 　　　S 150% of Applicable GCR

150%×38.79CNY/kg＝58.185CNY/kg

≈58.19CNY/kg

航空运费（Weight Charge）： 　　　400×58.19＝CNY23276.00

（2）由于计费重量已经接近下一个较高重量点 500kg，用较高重量点的较低运价计算：

计费重量（Chargeable Weight）： 　　　500.0kg

适用运价（Applicable Rate）：· 　　　S 150% of Applicable GCR

150%×35.77CNY/kg＝53.655CNY/kg

≈53.66CNY/kg

航空运费（Weight Charge）： 　　　500.0×53.66＝CNY26830.00

对比（1）与（2），取运费较低者。

因此，运费为 CNY23276.00。

[例8] 从上海运往巴黎两箱幼禽，每一箱重 25.0kg，体积尺寸长、宽、高分别为（70×50×50）cm×2，计算航空运费。

公布运价如下：

| SHANGHAI | CN | | SHA |
Y. RENMINBI	CNY		KGS
PARIS	FR	M	320.00
		N	68.34
		45	51.29
		500	44.21

解： 查找活动物运价表，从上海运往巴黎，属于三区运往二区，运价的构成形式是 "Normal GCR or Over 45kgs"。

按查找的运价构成形式来计算：

全部毛重（Total Gross Wight）： 　　　25.0×2＝50.0kg

体积（Volume）： 　　　70cm×50cm×50cm×2＝350000cm³

体积重量（Volume Weight）： 　　　350000cm³÷6000cm³/kg＝58.33kg

≈58.5kg

计费重量（Chargeable Weight）： 　　　58.5kg

适用运价（Applicable Rate）： 　　　S Normal GCR or Over 45kg

100%×51.29CNY/kg＝51.29CNY/kg

航空运费（Weight Charge）： 　　　58.5×51.29＝CNY3000.47

因此，运费为 CNY3000.47。

4. 贵重货物运价

（1）运价

在所有 IATA 业务区，贵重货物运价的构成形式是 "200% of the Normal GCR"。例外情况是，IATA 一区与三区之间且经北、中太平洋（除朝鲜至美国本土各点外），1000kg 或 1000kg 以上贵重货物的运费，按普通货物 45kg 以下运价 150%收取（150% of the Normal，GCR）。

（2）最低运费

贵重货物的最低运费按公布最低运费的 200%收取，同时不低于 50 美元或其等值货币。

（3）运费计算

[例 9] Routing:　　　　　　　　Beijing, CHINA（BJS）
　　　　　　　　　　　　　　to London, GB（LON）
　　　　　Commodity:　　　　Gold Watch
　　　　　Gross Weight:　　　32. 0kg
　　　　　Dimensions:　　　　1 Piece 60cm×50cm×40cm

公布运价如下：

BEIJING	CN			BJS
Y. RENMINBI	CNY			KGS
LONDON	GB		M	320. 00
			N	63. 19
			45	45. 22
			300	41. 22
			500	33. 42

解：运费计算如下：

体积（Volume）:　　　　　　　60cm×50cm×40cm＝120000cm^3

体积重量（Volume Weight）:　　120000cm^3÷6000cm^3/kg＝20. 0kg

计费重量（Chargeable Weight）:　32. 0kg

适用运价（Applicable Rate）:　　S 200%of the Normal GCR

　　　　　　　　　　　　　　　200%×63. 19CNY/kg＝126. 38CNY/kg

航空运费（Weight Charge）:　　32. 0×126. 38＝CNY4044. 16

因此，运费为 CNY4044. 16。

5. 书报、杂志类运价

（1）货物的范围

书报杂志类货物包括报纸、杂志、期刊、图书、目录、盲人读物及设备。

（2）运价

IATA 一区、IATA 一区与二区之间，书报、杂志类运价的构成形式是"67% of the Normal GCR"，以上业务区之外的其他各区，运价的构成形式是"50% of the Normal GCR"。

最低运费按公布的最低运费的 M 收取。可以使用普通货物的较高重量点的较低运价。

（3）运费计算

[例10] Routing: 　　　　　　　　Beijing, CHINA（BJS）
　　　　　　　　　　　　　　　to ROME, IT（ROM）

　　　　　　Commodity: 　　　　Books
　　　　　　Gross Weight: 　　　980.0kg
　　　　　　Dimensions: 　　　　20 Pieces 70cm×50cm×40cm each

公布运价如下：

BEIJING	CN		BJS
Y. RENMINBI	CNY		KGS
ROME	IT	M	320.00
		N	45.72
		45	37.98
		100	36.00
		500	31.26
		1000	28.71

解：运费计算如下：

体积（Volume）： 　　　　　　70cm×50cm×40cm×20＝2800000cm^3

体积重量（Volume Weight）： 　2800000cm^3÷6000cm^3/kg＝466.67kg
　　　　　　　　　　　　　　　　　　≈467.0kg

计费重量（Chargeable Weight）： 980.0kg

适用运价（Applicable Rate）： 　R 50% of the Normal GCR
　　　　　　　　　　　　　　　50%×45.72CNY/kg＝22.86CNY/kg

航空运费（Weight Charge）： 　980.0×22.86＝CNY30968.00

6. 作为货物运输的行李运价

（1）运价的适用范围

①在 IATA 业务二区内（全部航程为欧洲分区例外）；

②在 IATA 业务三区内（至或从美国领地除外）；

③在 IATA 业务二区与三之间（至或从美国领地除外）；

④在 IATA 业务一区与二区之间（至或从美国、美国领地至或从格陵兰岛例外）；

⑤从 IATA 业务三区至 IATA 业务一区。

（2）运价

中国至三区的国家或地区以及中国至二区的国家或地区，但不包括美国领土、领地在内，按照适用的普通货物45千克以下运价的50%收费。最低运费按公布的最低运费的 M 收取，可以使用普通货物较高重量点的较低运价。

（3）运费计算

[例11] Routing: 　　　　　　　　Beijing, CHINA（BJS）
　　　　　　　　　　　　　　　to Tokyo, JAPAN（TYO）

Commodity：　　　　　　　　　Personal Effects

Gross Weight：　　　　　　　　25.0kg

Dimensions：　　　　　　　　　1 Pieces 70cm×47cm×35cm

公布运价如下：

BEIJING	CN		BJS
Y. RENMINBI	CNY		KGS
TOKYO	JP	M	230.00
		N	37.51
		45	28.13

解：运费计算如下：

体积（Volume）：　　　　　　　$70cm×47cm×35cm=115150cm^3$

体积重量（Volume Weight）：　　$115150cm^3÷6000cm^3/kg=19.19kg$

　　　　　　　　　　　　　　　　　　　　　　$≈19.5kg$

计费重量（Chargeable Weight）：　25.0kg

适用运价（Applicable Rate）：　　R 50% of the Normal GCR

　　　　　　　　　　　　　　　　$50%×37.51CNY/kg=18.755CNY/kg$

　　　　　　　　　　　　　　　　　　　　　　$≈18.76CNY/kg$

航空运费（Weight Charge）：　　$25.0×18.76=CNY469.00$

因此，航空运费为 CNY469.00。

7. 混运货物运价

（1）混运货物的概念

混运货物亦称混载货物或集合货物，指使用同一份货运单运输的货物中，包含有不同运价、不同运输条件的货物。

（2）混运货物中不得包括的物品范围

前文货物收运部分中已提到，此处略。

（3）申报方式与计算规则

①申报整批货物的总重量（或体积）。计算规则：混运货物被视为一种货物，将其总重量确定为一个计费重量。运价采用适用的普通货物运价计算。

②分别申报每一种类货物的件数、重量、体积及货物品名。计算规则：按不同种类货物适用的运价与其相应的计费重量分别计算。

③如果混运货物使用一个外包装将所有货物合并运输，则该包装物的运费按混运货物中运价最高的货物的运价计收。

（4）声明价值

混运货物只能按整票（整批）货物办理声明价值，不得办理部分货物的声明价值，或办理两种以上的声明价值。所以，混运货物声明价值费的计算应依据整票货物总的毛重计算。

（5）最低运费

混运货物的最低运费，按整票货物计收。即无论是分别申报或不分别申报的混运货物，按其运费计算方法计得的运费与货物运输起讫点之间的最低收费标准中较高者计算。

五、比例运价和分段相加运价

如果货物运输的始发地至目的地没有公布直达运价，则可以采用比例运价和分段相加运价的方法构成全程直通运价，计算全程运费。

（一）比例运价

当货物运输始发地至目的地无公布直达运价时，比例运价采用货物运价手册中公布的一种不能单独使用的运价附加数，与已知的公布直达运价相加构成非公布直达运价，此运价称为比例运价（Construction Rate）。

1. 使用要求

TACT Rates Book 中所列的比例运价分为三类：普通货物的比例运价，用"GCR"表示；指定商品的比例运价，用"SCR"表示；集装箱的比例运价，用"ULD"表示。

2. 使用原则

采用比例运价与公布直达运价相加时，必须严格遵守下列原则：

第一，只有相同种类的货物运价才能组成始发站至目的站的货物运价，如普通货物比例运价只能与普通货物运价相加；第二，指定商品的比例运价只能与指定商品的运价相加；第三，集装箱的比例运价只能与集装箱的运价相加。

3. 注意事项

（1）比例运价只适合于国际运输，不适合于当地运输；

（2）采用比例运价构成直达运价，比例运价可加在公布运价的两端，但每一端不能连加两个以上的比例运价；

（3）当始发地或目的地可以经不同的运价组成点与比例运价相加组成不同的直达运价时，应采用最低运价；

（4）运价的构成不影响货物的运输路线。

（二）分段相加运价

1. 基础知识

对于相同运价种类，当货物运输的始发地至目的地无公布直达运价和比例运价时，只能采用分段相加的办法，组成运输起讫地点间的运价，一般采用最低组合运价。分段相加运价（Combination Rates and Charges），又称分段相加运费。

对于采用不同的运价种类，组成分段相加运价，必须严格按 TACT Rules 的运价相加规则进行组合：

（1）运输起讫地点间的运价采用相同种类、相同重量分界点运价直接相加构成，则为分段相加运价（其中可能涉及货币换算），该运价乘以货物的计费重量即构成全程航空运费；

（2）如果运输起讫地点间的运价是采用不同种类运价或虽采用相同种类运价，但采用不同的重量等级分界点，则称为分段相加运费。

采用分段相加运价构成全程运费，在航空货运单的运费计算栏中，应在"NO. Pieces RCP"一栏的货物件数下面，填上运价组成点城市的英文三字代码。

2. 使用规则

表 4-4　　　　　　　　国际货运分段相加运价规则表

运 价 类 别	可相加运价
国际普通货物运价 （International GCR）	普通货物比例运价（Construction Rates for GCR） 国际普通货物运价（International GCR） 国内运价（Domestic Rates） 过境运价（Transborder Rates）
国际指定商品运价 （International SCR）	指定商品运价（Construction Rates for SCR） 国内运价（Domestic Rates） 过境运价（Transborder Rates）
国际等级运价 （International Class Rates）	国内运价（Domestic Rates） 过境运价（Transborder Rates）

从表 4-4 中可以看出，国际指定商品不可以与国际指定商品运价相加；国际等级货物运价不可以与国际等级货物运价相加。否则，就违背了某种国际指定商品运价与国际等级货物运价的特定含义，从而破坏了运输起讫地点间的运价体系。

根据运价组成表，可采用左列运价和右列相加，也可采用右列运价和左列相加，以构成始发地至目的地的分段相加运价。国内运价和过境运价在组成分段相加运价时具有普遍性，其运价则受到一定的限制。

如果货物运输起讫地点间无公布直达运价且比例运价无指定商品运价，而运输的货物属于指定商品，按分段相加组成办法，可以采用两种计算方法：一是按普通货物比例运价计算；二是按分段相加的指定商品运价计算。

由于属于不同运价种类，比较计算时应考虑优先使用指定商品运价之原则，还应兼顾货物的重量是否满足指定商品运价的最低重量限制。总之，通过比较，计算出较低的航空运费。

国际航空货物运输中，航空运费是指自运输始发地至运输目的地之间的航空运输费用。在实际工作中，对于航空公司或其代理人将收运的货物自始发地（或从托运人手中）运至目的地（或提取货物后交给提货人）整个运输组织过程，除发生航空运费外，在运输始发站、中转站、目的站经常发生与航空运输有关的其他费用。

六、运价的使用顺序

第一，如果有协议运价，则优先使用协议运价。

第二，在相同运价种类、相同航程、相同承运人条件下，公布直达运价应按下列顺序使用：

（1）优先使用指定商品运价。如果指定商品运价条件不完全满足，则可以使用等级货物运价和普通货物运价。

（2）其次使用等级货物运价，等级货物运价优先于普通货物运价使用。

①如果货物可以按指定商品运价计费，但如果因其重量没满足指定商品运价的最低重量要求，则用指定商品运价计费可以与采用普通货物运价计费结果相比较，取低者。如果该指定商品同时又属于附加的等级货物，则只允许采用附加的等级货物运价和指定商品运价的计费结果比较，取低者，不能与普通货物运价比较。

②如果货物属于附减的等级货物，即书报杂志类、作为货物运输的行李，其等级货物计费则可以与普通货物运价计算的运费相比较，取低者。

第三，如果运输两点间无公布直达运价，则应使用非公布直达运价。优先使用比例运价构成全程直达运价；当两点间无比例运价时，使用分段相加办法组成全程最低运价。

七、其他费用

（一）货运单费

货运单费（Documentation Cearges）又称为航空货运单工本费，此项费用为填制航空货运单之费用。航空公司或其代理人销售或填制货运单时，该费用包括逐项逐笔填制货运单的成本。对于航空货运单工本费，各国的收费水平不尽相同。依 TACT Rules 及各航空公司的具体规定来操作。货运单费应填制在货运单的"其他费用"（Other Charges）一栏中，用两字代码"AW"（Air Waybill）表示。按《华沙公约》等有关公约，国际上多数 IATA 航空公司有如下规定：

（1）由航空公司来销售或填制航空货运单，此项费用归出票航空公司（Issuing Carrier）所有，表示为"AWC"；

（2）由航空公司的代理人销售或填制货运单，此项费用归销售代理人所有，表示为"AWA"。

中国民航各航空公司规定：无论货运单是由航空公司销售还是由代理人销售，填制 AWB 时，货运单中"其他费用"一栏中均用"AWC"表示，意为此项费用归出票航空公司所有。

（二）垫付款和垫付费

（1）垫付款（Disbursements）。垫付款是指在始发地机场收运一票货物所发生的其他费用。这部分费用仅限于货物地面运输费、清关处理费和货运单工本费。

此项费用需按不同其他费用的种类代号、费用归属代号（A 或 C）及费用金额一并填入货运单的"其他费用"一栏。例如："AWA"表示代理人填制的货运单；"CHA"表示代理人代替办理始发地清关业务；"SUA"表示代理人将货物运输到始发地机场的地面运输费。

（2）垫付费（Disbursements Fees）。垫付费是对于垫付款的数额而确定的费用。垫付费的费用代码为"DB"，按 TACT Rules 的相关规定，该费用归出票航空公司所有。在货运单的"其他费用"栏中，此项费用应表示为"DBC"。

垫付费的计算公式：垫付费=垫付款×10%

但每一票货物的垫付费不得低于20美元或等值货币。

（三）危险品处理费

国际航空货物运输中，对于收运的危险品货物，除按危险品规则收运并收取航空运费外，还应收取危险货物收运手续费（Charges for Shipments of Dangerous Goods-handling），该费用必须填制在货运单"其他费用"栏内，用"RA"表示费用种类，TACT Rules 规定，危险品处理费归出票航空公司所有。在货运单中，危险品处理费表示为"RAC"。

自中国至 IATA 业务一区、二区、三区，每票货物的最低收费标准均为400元人民币。

（四）运费到付货物手续费

国际货物运输中，当货物的航空运费及其他费用到付时，在目的地的收货人，除支付货物的航空运费和其他费用外，还应支付到付货物手续费（Changes Collect Fee，CC Fee）。

此项费用由最后一个承运航空公司收取，并归其所有。一般由目的站开据专门发票，但也可以使用货运单（此种情况在交付航空公司无专门发票，并将 AWB 作为发票使用时使用）。

对于运至中国的运费到付货物，到付运费手续费的计算公式及标准如下：

到付运费手续费=（货物的航空运费+声明价值附加费）×2%

各个国家 CC Fee 的收费标准不同。在中国，CC Fee 最低收费标准为100元人民币。

（五）声明价值附加费

当托运人托运的货物，毛重每千克价值超过20美元（20美元应折算为当地货币）或其等值货币时，可以办理货物声明价值，托运人办理声明价值必须是一票货运单上的全部货物，不得分批或者部分办理。托运人办理货物声明价值时，应按照规定向承运人支付声明价值附加费。

声明价值附加费的计算公式为：

声明价值附加费=货物声明价值-（货物毛重×20美元）

任务三 航空货运流程

一、航空货物进口业务流程

航空货物进口业务流程如图4-4所示。

（一）代理预报

在国外发货前，由国外代理公司将运单、航班、件数、重量、品名、实际收货人及其他地址、联系电话等内容发给目的地代理公司，这一过程被称为代理预报。

（二）交接单、货

航空货物入境时，与货物相关的单据也随班机到达，运输工具及货物处于海关监管之

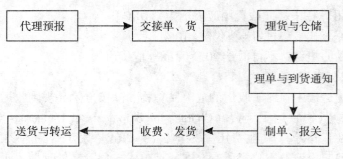

图 4-4 航空货物进口业务流程

下。货物卸下后，存入航空公司或机场的监管仓库，进行进口货物舱单录入，将舱单上总运单号、收货人、始发站、目的站、件数、重量、货物品名、航班号等信息通过电脑传输给海关留存，供报关用。同时根据运单上的收货人地址寄发取单、提货通知。

交接时做到单单核对，即交接清单与总运单核对；单货核对，即交接清单与货物核对。核对后处理问题的方式如表 4-5 所示：

表 4-5　　　　　　　　　　　运单、货物核对后处理问题的方式

总运单	清单	货物	处理方式
有	无	有	清单上加总运单号
有	无	无	总运单退回
无	有	有	总运单后补
无	有	无	清单上划去
有	有	无	总运单退回
无	无	有	货物退回

在实际操作中，航空货运代理通常又有自己的海关监管车和监管库，可在未报关的情况下先将货物从航空公司监管库转至自己的监管库。

（三）理货与仓储

货代公司接货后在自己的监管仓库理货及仓储。

理货的主要内容包括：逐一核对每票件数，再次检查货物破损情况，确有接货时未发现的问题，可向民航提出交涉；按大货、小货、重货、轻货、单票货、混载货、危险品、贵重品、冷冻品、冷藏品等分别堆存、进仓；登记每票货储存区号，并输入电脑。

仓储的注意事项：注意防雨、防潮，防重压，防变形，防高温变质，防暴晒，独立设危险品仓库。

（四）理单与到货通知

1. 理单的主要内容

（1）集中托运，总运单项下拆单；将集中托运进口的每票总运单项下的分运单分理

出来，审核与货物情况是否一致；将集中托运总运单项下的发运清单输入海关计算机，以便按分运单分别报关、报检、提货等。

（2）分类理单、编号；编制各类单证。

（3）编配各类单证，将总运单、分运单与随机单证、国外代理人寄到的单证（装箱单、装卸与运送指示、发票副本等）、国内货主预先交达的单证进行编配。

2. 到货通知注意事项

应尽早、尽快、尽妥地通知货主到货情况；通知内容应该详尽，包括运单号、货物品名、件数、重量、体积以及其他相关内容和费用等。

3. 正本运单处理

电脑打制海关监管进口货物入仓清单，一式五份，用于商检、卫检、动检各一份，海关两份。

（五）制单、报关

1. 制单、报关、运输的形式

（1）货代公司代办制单、报关、运输；

（2）货主自行办理制单、报关、运输；

（3）货代公司代办制单、报关，货主自办运输；

（4）货主自行办理制单、报关后，委托货代公司运输；

（5）货主自办制单，委托货代公司报关和办理运输。

2. 货物代理公司制单的一般程序

（1）长期协作的货主单位，有进口批文、证明手册等放于货代处的，货物到达，发出到货通知后，即可制单、报关，通知货主运输或代办运输。

（2）部分进口货，因货主单位缺少有关批文、证明，亦可将运单及随班机寄来的单证、提货单以快递形式寄货主单位，由其备齐有关批文、证明后再决定制单、报关事宜。

（3）无需批文和证明的，可即行制单、报关，通知货主提货或代办运输。

（4）部分货主要求异地清关时，在符合海关规定的情况下，制作转关运输申报单办理转关手续，报送单上需由报关人填报的项目有：进口口岸、收货单位、经营单位、合同号、批准机关及文号、外汇来源、进口日期、提单或运单号、运杂费、件数、毛重、海关统计商品编号、货品规格及货号、数量、成交价格、价格条件、货币名称、申报单位、申报日期等，转关运输申报单、内容少于报关单、亦需按要求详细填列。

3. 进口报关程序

报关大致分为初审、审单、征税、验放四个主要环节。

4. 报关期限与滞报金

进口货物报关期限为自运输工具进境之日起的 14 日内，超过这一期限报关的，由海关征收滞报金；征收标准为货物到岸价格的万分之五。

5. 开验工作的实施

客户自行报关的货物，一般由货主到货代监管仓库借出货物，由代理公司派人陪同货主一并协助海关开验。客户委托代理公司报关的，代理公司通知货主，由其派人前来或书面委托代办开验。开验后，代理公司须将已开验的货物封存，运回监管仓库储存。

（六）收费、发货

1. 收费

货代公司仓库在发放货物前，一般先将费用收妥。收费内容有：到付运费及垫付佣金；单证、报关费；仓储费；装卸、铲车费；航空公司到港仓储费；海关预录入、动植检、卫检报验等代收代付费；关税及垫付佣金。

2. 发货

办完报关、报检等手续后，货主须凭盖有海关放行章、动植物报验章、卫生检疫报验章的进口提货单到所属监管仓库付费提货。

（七）送货与转运

1. 送货上门业务

主要指进口清关后货物直接运送至货主单位，运输工具一般为汽车。

2. 转运业务

主要指将进口清关后货物转运至其他的货运代理公司，运输方式主要为飞机、汽车、火车、水运、邮政。

3. 进口货物转关及监管运输

是指货物入境后不在进境地海关办理进口报关手续，而运往另一设关地点办理进口海关手续，在办理进口报关手续前，货物一直处于海关监管之下，转关运输亦称监管运输，意谓此运输过程置于海关监管之中。

二、航空货物出口业务流程

航空货物出口业务流程如图 4-5 所示：

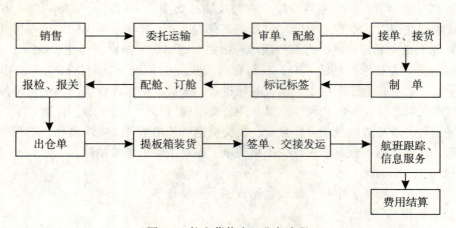

图 4-5　航空货物出口业务流程

（一）销售

一方面，作为航空公司的运输销售代理人，空运货代（以下简称空代）有业务也有责任帮助航空公司销售飞机航位，只有把飞机航位销售出去了，让飞机配载足货物，才能真正说明其工作的成效；对于航空公司而言，空代的工作才有真正的、实质的意义。

另一方面，我国空运市场的开放程度比较高，目前执飞国际航线的不仅有国内的多家航空公司，而且还有一百多家外国航空公司，因而我国国际空运市场的竞争比较激烈。因此，目前承揽货物已成为空代业务的一项至关重要的工作。

一个业务开展得较强、较好的货运代理公司，一般都有相当数量的销售人员或销售网点从事市场销售工作。航空货运代理公司为争取更多的出口货源，常常主动与各进口公司、企业联系，主动承揽货物。对于长期出口或出口货量大的单位，航空货运代理公司一般都争取与之签订长期的代理协议。

从营销战略角度来说，代理公司要对整个区域经济的发展有充分的了解，了解哪些行业的产品适合空运，从发展趋势进行潜在市场分析，了解城市经济的未来发展规划，该区域会增加哪些高科技企业，这些企业适合于航空运输的产品将在本公司货运量中占有多少份额；了解本公司目前货运量在该区域占有的百分比，充分分析市场的情况。

在具体操作时，需及时向出口单位介绍本公司的业务范围、服务项目、各项收费标准，特别是要向出口单位介绍公司的优惠运价、服务优势等。

（二）委托运输

不论航空货运代理公司主动承揽，还是出口货物发货人上门委托，只要双方就航空货运代理事宜达成意向后（即确定运输价格以及服务条件），航空货运代理就可以向发货人提供一份自己所代理航空公司的空白"国际货物托运书"，让发货人填写。某种特种货物，如活动物、危险品等，由航空公司直接收运。

航空货运代理公司在接受委托人委托后，在单证操作前，通常会指定专人对托运书进行审核。审核重点为价格和航班日期。审核后，审核人员必须在托运书上签名并注明日期以示确认。

委托时，发货人除应填制国际货物托运书，还应提供贸易合同副本、出口货物明细发票、装箱单以及检验检疫和通关所需要的单证和资料给航空货运代理，以便航空货运代理办理订舱、提货、报关、制单等手续。

（三）审单、预配、订舱

空代从发货人处取得单据后，应指定专人对单证进行认真核对，检查单证是否齐全，内容填写是否完整规范。单证应包括：

（1）托运书。

（2）发票、装箱单。发票上一定要加盖公司公章（业务科室、部门章无效），标明价格术语和货价（包括无价样品的发票）。

（3）报关单。注明经营单位注册号、贸易性质、收汇方式，并要求在申报单位处加盖公章。

（4）外汇核销单。在出口单位备注栏内，一定要加盖公司章。

（5）许可证。合同号、出口口岸、贸易国别，有效期一定要符合要求，与其他单据相符。

（6）商检证。商检证、商检放行单、盖有商检放行章的报关单均可，商检证上应有"海关放行联"字样。

（7）进料/来料加工核销本。注意本上的合同号是否与发票相符。

（8）索赔/返修协议。要求提供正本，要求合同双方盖章；对方没章时，可以签字。

（9）到付保函。凡到付运费的货物，发货人都应提供。

（四）接单、接货

1. 接单

接单即接收托运人或其他代理人送交的已经审核确认的托运书及报关单证和收货凭证。将计算机中的收货记录与收货凭证核对，制作操作交接单，填上所收到的各种报关单证份数，给每份交接单配一份总运单或分运单。将制作好的交接单、配好的总运单或分运单、报关单证移交制单。如此时货未到或未全到，可以按照托运书上的数据填入交接注明，货物到齐后再进行修改。

2. 接货

接收货物时，双方应办理货物的交接、验收，进行过磅称重和丈量，并根据发票、装箱单或送货单清点货物，核对货物的数量、品名、合同号或商标等是否与货运单上所列一致；检查货物的外包装是否符合运输的要求。对包装、标志不符合运输要求，缺件，重量、体积不符，运输中的货损等，都应及时通告货主，求得确认；没有问题的话，将货物入库。

（五）制单

填制航空货运单，包括总运单和分运单。填制航空货运单是空运出口业务中最重要的环节，货运单填写得准确与否直接关系到货物能否及时、准确地运达目的地。航空货运单是发货人收结汇的主要有效凭证。因此，货运单的填写必须详细、准确，严格符合单货一致、单单一致的要求。

所托运货物，如果是直接发给国外收货人的单票托运货物，填开航空公司运单即可，将收货人提供的货物随机单据订在运单后面。如果集中托运货物，必须先为美票货物填开航空货运代理公司的分运单，然后再填开航空公司的总运单，以便国外代理人对总运单下的各票货物进行分拨。集中托运的货物，还需要制作集中托运清单，所有分运单及随行单据装入一个信袋，订在运单后。最后，制作空运出口业务日报表，供制作标签用。

（六）标记标签

当货物入库后，货运代理会根据航空公司的运单号码制作标签。然后，将制作好的运单标签贴在每一件货物上，以便于起运港及目的港的货主、货代、货站、海关、航空公司、商检及收货人识别。

通常，一件货物贴一张航空公司标签，有分运单的货物（如集中托运的货物），每件再贴一张分标签。

（七）配舱、订舱

1. 配舱

配舱时，需运出的货物都已入库。这时，需要核对货物的实际件数、重量、体积与托运书上预报数量的差别。应注意对预订舱位、板箱的有效利用、合理搭配，按照各航班机型、板箱型号、高度、数量进行配载。同时，对于货物晚到、未到情况及未能顺利通关放行的货物应做出调整处理，为制作配舱单做准备。实际上，这一过程一直延续到单、货交接给航空公司后才完毕。

2. 订舱

订舱，就是将所接收空运货物向航空公司正式提出运输申请并订妥舱位。订舱的具体做法和基本步骤是：接到发货人的发货预报后，向航空公司吨控部门领取并填写订舱单（CBA），同时提供相应的信息，包括货物的名称、体积（必要时提供单件尺寸）、重量、件数、目的地、要求出运的时间以及其他运输要求（温度、装卸要求、货物到达目的地时限等）。

订舱后，航空公司签发舱位确认书，同时给予装货集装器领取凭证，以表示舱位订妥。航空公司将根据实际情况安排航班和舱位。一般来说，航空公司航位销售原则有：

(1) 保证有固定舱位配额的货物；

(2) 保证邮件、快件航位；

(3) 优先预定运价较高的货物航位；

(4) 保留一定的零散货物舱位；

(5) 未订舱的货物按交运时间的先后顺序安排舱位。

货运代理公司订舱时，可依照发货人的要求选择最佳的航线和最佳的承运人，同时为发货人争取最低、最合理的运价。为此，空代必须掌握每家航空公司、每条航线、每个航班甚至每个目的港的运价和航班日期信息。

(八) 报检、报关

(1) 出口报检

货运代理在接单时需要向客户了解货物是否需要做商检，是否需要货代办理报检。如果需要，需向客户索取报检委托书，并检查委托书内容是否齐全（不全或不规范的要补充），然后要填写出境报检单，向有关商检部门报检。

不同的出口货物在商检方面有不同的规定和限制，应根据各类货物的商品编码监管条件进行相应的操作。

(2) 出口报关

客户可自行选择报关行，也可委托货运代理公司进行报关。但无论如何，都需要将发货人所准备好的所有报关资料，连同航空公司的正本运单及时交给报关行，以便于及时报关，方便货物及早通关以及运输。海关审核无误后，海关官员即在用于发运的运单正本上加盖放行章，同时在出口收汇核销单和出口报关单上加盖放行章，在发货人用于产品退税的单证上加盖验讫章，贴上防伪标志，完成出口报关手续。

(九) 出仓单

配舱方案制订后，就可着手编制出仓单。出仓单的主要内容有出仓单日期、承运航班的日期、装载板箱形式及数量、货物进仓的顺序编号、总运单号、件数、重量、体积、目的地三字代码和备注。出仓单的作用有：

(1) 出仓单交给出口仓库，用于出库计划，出库时点数并向装板箱交接。

(2) 交给装板箱环节，是向出口仓库提货的依据。

(3) 出仓单交给货物的交接环节用作从装板箱环节收货凭证和制作国际货物交接清单的依据。该清单用于向航空公司交接货物。出仓单还可用于外拼箱。

(4) 出仓单交给报关环节，当报关有问题时，可有针对性地反馈，以采取相应措施。

（十）提板箱装货

除特殊情况外，航空货运均是以集装箱、集装板形式装运。因而，货代需根据订舱向航空公司办理申领集装板、集装箱的相应手续，以便装货。

订妥舱位后，航空公司吨控部门将根据货量出具发放航空集装箱、集装板凭证，货运代理公司凭此向航空公司箱板管理部门领取与订舱货量相应的集装板、集装箱。提板、箱时，应领取相应的塑料薄膜和网。对所使用的板、箱要登记、消号。航空货运代理公司将体积为 2m³ 以下货物作为小货交与航空公司拼装，大于 2m³ 的大宗货或集中托运拼装货，一般均由货运代理自己装板装箱。

（十一）签单、交接发运

货运单在盖好海关放行章后还需要到航空公司签单，主要是审核运价使用是否正确，以及货物的性质是否适合空运，如危险品等是否已办了相应的证明和手续。航空公司的地面代理规定，只有签单确认后才允许将单、货交给航空公司。

交接，是向航空公司交单交货，由航空公司安排航空运输。

交单，就是将随机单据和应有承运人留存的单据交给航空公司。随机单据包括第二联空运单正本、发票、装箱单、产地证明、品质鉴定书等。

交货，即把与单据相符的货物交给航空公司。交货之前必须粘贴或拴挂货物标签，交货时根据标签清点和核对货物，填制国际货物交接清单（即国际货物代理交接单）。大宗货、集中托运货，以整板、整箱称重交接；零散小货按票称重，计件交接。航空公司审单验货后，在交接签单上验收，将货物存入出口仓库，单据交吨控部门，以备配舱。

（十二）航班跟踪、信息服务

单、货交接给航班公司后，航空公司会因种种原因，如航班取消、延误、溢载、故障、改机型、错运、倒垛或装板不符合规定等而未能按预定时间运出。所以货运代理公司从单、货交给航班公司起，就需对航班、货物进行跟踪。

需要联程中转的货物，在货物运出后，要求航空公司提供二程、三程航班中转信息。有些货物事先已预定了二程、三程，也需确认中转情况。有时需直接发传真或电话与航空公司的海外办事处联系货物中转情况，并及时将上述信息反馈给客户，以便遇到不正常情况及时处理。航空货运代理公司从接受委托开始，一直到将货物交给收货人的整个过程，应始终与委托人及有关人员保持密切的信息往来，对货物进行全程跟踪。

（十三）费用结算

费用结算主要涉及向发货人、承运人和国外代理人三方面的结算。

（1）与航空公司结算费用。向航空公司支付航空运费及代理费，同时收取代理佣金。

（2）与机场地面代理结算费用。向机场地面代理支付各种地面杂费。

（3）与发货人结算费用。主要涉及航空运费（在运费预付的情况下）、地面杂费、各种服务费和手续费。

（4）与国外代理人结算到付运费和利润分成。到付运费实际上是发货方的航空货运代理人为收货人垫付的，因此收货方的航空货运代理公司在将货物移交收货人时，应收回到付运费并将有关款项退还发货方的货运代理人。同时，发货方的货运代理公司之间存在长期的互为代理协议，因此与国外代理人结算时一般不采取一票一结的办法，而采取应收应付相互抵销，在一定期限内以清单冲账的办法。

三、特种货物航空运输业务

航空货物运输中的特种货物包括贵重货物、动物、尸体、骨灰、危险物品、外交信袋、作为货物运输的行李和生鲜易腐货物等。

特种货物航空运输时应注意的事项主要有以下四个方面：第一，不能采用集中托运的方式；第二，不能与其他货物混装；第三，特种货物运输时，必须提前预订舱位；第四，要拴挂特种货物的识别操作标签。

下面重点介绍贵重物品、鲜活易腐货物、活动物和危险品在航空运输中的操作事项。

（一）贵重物品的收运

1. 贵重物品的定义

含有下列物品中的一种或多种的，称为贵重物品。主要包括以下几类：

（1）运输声明价值毛重每千克超过（或等于）1000 美元的任何物品。

（2）黄金（包括提炼或未提炼过的金锭）、混合金、金币以及各种形状的黄金制品（如金粒、片、粉、绵、线、条、管、环）和黄金铸造物；白金（即铂）；白金类稀贵金属（钯、铱、钌、锇、铑）、稀贵金属和各种形状的铂合金（如铂粒、绵、棒、锭等），以上金属及其合金的放射性同位素，属于危险物品，在储运过程中应按危险物品运输的有关规定办理。

（3）各类宝石、钻石（含工业钻石）、玉器、珍珠及其制品。

（4）现钞、纪念币、有价证券（包括股票、债券、印有面值的各种票据，已填写的运输凭证和已经银行填写的存折、支票、汇票等）。

（5）白银及银制首饰、珍贵文物（名人字画、书、古玩）等。

2. 贵重物品的收运条件

（1）贵重物品应根据其性质采用硬质坚固的木箱或铁桶，必要时应在外包装上用"+"或"#"字形铁条固定；包装的接缝处、包装袋的结合部位要有托运人的铅封或火漆封志，封志上应有托运人的特别印记。

（2）贵重物品只允许使用挂签，不得使用贴签；除识别、操作标签外，不用任何标签和贴物。

（3）外包装尺寸一般不能小于 30×20×10cm；箱内要放有衬垫物，使物品不相互移动和互相碰撞；贵重货物不能与其他货物混装。

（4）每份货运单声明价值不得超过 10 万美元。客机的运输中，每航班所装载的贵重物品价值不得超过 100 万美元。

3. 贵重物品运输文件的要求

"货运单品名"一栏注明"Valuable Cargo"和已订航班号/日期；"操作信息"栏注明其他文件名和注意事项；其他文件装信封随货运单寄达。

4. 订舱要求

优先使用直达航班，如无直达航班，要提前订好全程舱位；托运人必须在定妥舱位后将运输路线与到达时间及时告知收货人，并要求收货人做好接货准备。

（二）鲜活易腐货物的收运

1. 鲜活易腐货物的定义

鲜活易腐货物是指在一般运输条件下易于死亡或变质腐烂的货物。如虾、蟹类，肉类，花卉，水果，蔬菜类，沙蚕、活赤贝、鲜鱼类等。

2. 鲜活易腐货物的收运条件

首先，鲜活易腐货物应具有必要的检验合格证明和卫生检疫证明，还应符合有关到达站国家关于此种货物进出口和过境规定。其次，鲜活易腐货物的运输必须有适合此种货物特性的包装；凡怕压货物，外包装应坚固抗压；需通风的货物，包装上应有通气孔；需冷藏冰冻的货物，容器应严密，保证冰水不流出；带土的树种或植物苗等不用麻袋、草包、草绳包装，应用塑料袋包装，以免土粒、草屑等杂物堵塞飞机空气调节系统；为便于搬运，鲜活易腐货物每件重量以不超过 25kg 为宜。最后，除识别标签外，鲜活易腐货物的外包装上还应拴挂"鲜活易腐"标签和"向上"标签。

3. 鲜活易腐货物运输文件的要求

"货运单品名"栏"Nature and Quantity"中应注明"Perishable"字样；收妥其他文件。

4. 鲜活易腐货物的仓储要求

为减少鲜活易腐货物在仓库存放的时间，托运人或收货人可直接到机场办理交运或提取手续。

5. 鲜活易腐货物的运输条件

（1）承运前必须查阅 TACT Rules 关于各个国家对鲜活易腐物品进出口、转口的运输规定；

（2）鲜活易腐货物应优先发运，尽可能利用直达航班；

（3）鲜活易腐货物的数量取决于机型以及飞机所能提供的调温设备；

（4）承运前需订妥航班；

（5）鲜活易腐货物运达后，应由航空公司或其地面代理立即通知收货人来机场提取；

（6）承运前必须查阅 TACT Rules 中有关承运人对鲜活易腐货物的承运规定；

（7）如果在周末和节假日无法办理清关手续，应尽量安排货物在工作日到达中转站或目的站。

6. 鲜活易腐货物运输问题的处理

如遇班机延误、衔接误班，因延长运输时间而对货物的质量产生影响时，航空公司应及时通知收货人或托运人征求处理意见并尽可能按照对方意见处理。

对鲜活易腐货物在运输途中货物发生腐烂变质或在目的站由于收货人未能及时提取使货物腐烂变质时，航空公司将视具体情况将货物毁弃或移交当地海关和检疫部门处理，由此发生的额外费用将通过货运单填制人向托运人收取。

（三）活动物的收运

1. 航空货运活动物的定义

指通过航空运输活的家禽、家畜、鱼虾、野生动物（包括鸟类）、试验用动物和昆虫等。活动物的种类多、个性异、对环境敏感。详细种类可参照 IATA 每年出版一期的《活动物规则》(Live Animal Regulations，LAR)。

2. 活动物的收运条件

交运的动物必须健康状况良好，无传染病，并具有卫生检疫证明；托运人必须办妥海关手续；妊娠期的哺乳动物，应观察后收运；对于动物与尚在哺乳期的幼畜同时交运情况，只有大动物与幼畜可以分开时，方可收运；有特殊不良气味的动物，不收运。

3. 活动物的包装要求

动物容器的尺寸，应适应不同机型的舱门大小和货舱容积；容器应坚固，防止动物破坏、逃逸和接触外界；容器必须防止动物粪便溢漏，污损飞机，必要时加放托盘和吸湿器；容器必须有足够的通气孔以防动物窒息；包装容器内应备有饲养设备和饲料；包装容器上应清楚地写明托运人、收货人姓名、详细地址以及联系电话；活体动物的容器上应贴有下列标贴："动物"(Live Animal) 标贴；"不可倒置"(This Side Up) 标贴；对危害人的有毒动物应贴"有毒"(Poisonous) 标贴。

4. 活动物运输文件的要求

活动物收运必须准备活动物证明书，一式两份；"航空货运单品名"栏注明动物名称、数量和已订航班号/日期；"Handing Information" 内注明其他文件名称和注意事项；其他文件装信封随货运单寄送。

5. 活动物的运输要求

(1) 承运前需订妥全程航班；

(2) 活动物不办到付；

(3) 尽量用直达航班，安排动物的运输要放在飞机的下货舱；

(4) 运达时间避开非工作日；

(5) 运输途中，自然原因发生的病、伤或死亡，承运人免责；除非证明事故由承运人造成；

(6) 运输途中或到达目的地后死亡（除承运人责任事故）所产生的一切费用，由托运人或收货人承担；

(7) 托运人的过失或违反承运人的运输规定，致运输中造成的伤害或损失，由托运人负全责。

（四）危险品的收运

1. 危险品的定义

航空运输危险品应按照《危险物品手册》(Dangerous Goods Regulations，DGR) 进行。在航空运输中，可能危害人身健康、安全或对财产造成损害的物品或物质称为危险物品。根据所具有的不同危险性，危险物品分为九类：爆炸品、气体、易燃液体、易燃固体、自燃物质和遇水易燃物质、氧化剂和有机过氧化物、有毒物质和传染性物质、放射性物质、腐蚀性物质、杂项类。某些危险品，名称上虽看不出，但实际上是危险品，如电器开关可能含有水银等。

2. 危险品运输文件的要求

(1) 危险品申报单。托运人必须填写一式两份的危险品申报单，签字后一份交始发站保存，一份随货物运至目的站；申报单必须由托运人填写、签字，并对申报的所有内容负责；任何代理人都不可替代托运人签字。

（2）航空货运单。航空货运单在"Handing Information"栏注明"Dangerous Goods as per Attached Shipper's Declaration"。

3. 危险品的包装要求

（1）危险品包装应当严格根据《危险物品手册》判断货物的种类和性质，然后根据承运人的《危险品运输手册》的相关规定，将货物装入规定的容器内，容器要能够防止内装物在运输中不会因为温度压力的变化而发生爆炸、失火或者漏溢。

（2）危险品包装应有防破碎和防止震动的内衬物，液体类应有吸收物，同时考虑液体类货物包装的一般规定。

（3）同一包装中不能有不同性质的危险物品；包装外部要有搬运把手。

（4）对于放射性物质、聚合物质还应当注意：包装容器不能有凸出部分，铅封和封严部位要求在凹处，注意外包装不能有水珠。包装要坚固，能抗压、抗腐蚀、抗辐射。

4. 危险品的运输要求

（1）填写航空运输文件时，不得伪报、瞒报品名运输危险品，不得在普通货物中夹带运输危险品，不得伪造、变造、滥用航空货物运输条件鉴定报告文件。

（2）安检部门查获伪报品名运输危险品或违禁品、在普通货物中夹带危险物品或违禁品等严重违规违法行为的，应将货物及人员及时移交公安机关处理，不得擅自做退货处理。

四、国际航空快递业务

（一）国际航空快递业务概述

1. 航空快递的定义

航空快递是指快递业发展到一定程度，快递企业利用航空运输，收取发件人托运的快件并按照向发件人承诺的时间将其送交指定地点或者收件人。按货物的交付形式，航空快递可以分为门（桌）到门（桌）、门（桌）到机场和专人配送三种。

2. 航空快递的特点

航空快递在很多方面与传统的航空货运业务、邮政运输业务有相似之处，但作为一项专门的业务，它又有独特之处，主要表现在：

（1）收件范围不同。

航空快递的收件范围主要有文件和包裹两大类。其中文件主要是指商业文件和各种印刷品，对于包裹一般要求毛重不超过32kg（含32kg）或外包装单边不超过102cm，三边相加不超过175cm。随着航空运输行业竞争更加激烈，快递公司为吸引更多的客户，对包裹大小的要求趋于放松。而传统的航空货运业务以贸易货物为主，规定每件货物体积不得小于 $5×10×20cm^3$。邮政运输业务则以私人信函为主要业务对象，对包裹要求每件重量不超过20kg，长度不超过1m。

（2）经营者不同。

经营国际航空快递的大多为跨国公司，这些公司以独资或合资的形式将业务深入世界各地，建立起全球网络。航空快件的传送基本上是在跨国公司内部完成。而国际邮政业务则通过万国邮政联盟的形式在世界上大多数国家的邮政机构之间取得合作，邮件通过两个以上国家邮政当局的合作完成传送。国际航空货物运输则主要采用集中托运的形式，或直接由发货人委托航空货运代理人进行，货物到达目的地后再通过发货地航空货运代理的关系人代为转交货物到收货人的手中。业务中除涉及航空公司外，还要依赖航空货运代理人的协助。

（3）内部的组织形式不同。

邮政运输的传统操作理论是接力式传送。航空快递公司则大多采用中心分拨理论或称转盘分拨理论组织起全球业务网络。简单来讲就是快递公司根据自己业务的实际情况在中心地区设立分拨中心（Hub）。各地收集起来的快件，按所到地区分拨完毕，装上飞机。当晚各地飞机飞到分拨中心，各自交换快件后飞回。第二天清晨，快件再由各地分公司用汽车送到收件人办公桌上。这种方式看上去似乎不太合理，但由于中心分拨理论减少了中间环节，快件的流向简单清楚，减少了错误，提高了操作效率，缩短了运送时间，被证明是经济、有效的。

（4）使用单据不同。

航空货运使用的是航空运单，邮政使用的是包裹单，航空快递业也有自己独特的运输单据——交付凭证（Proof of Delivery，POD）。交付凭证一式四份。第一联留在始发地并用于出口报关；第二联贴附在货物表面，随货同行，收件人可以在此联签字表示收到货物（交付凭证由此得名），但通常快件的收件人在快递公司提供的送货记录上签字，而将此联保留；第三联作为快递公司内部结算的依据；第四联作为发件凭证留存发件人处，同时该联印有背面条款，一旦产生争议时可作为判定当事各方权益、解决争议的依据。

（5）服务质量更高。

主要表现在：速度更快，一般洲际快件运送在1~5天完成，地区内部只要1~3天；更加安全可靠，快件运送自始至终是在同一公司内部完成，各分公司操作规程相同，服务标准也基本相同，而且同一公司内部信息交流更加方便，对客户的高价值易破损货物的保护也会更加妥帖，所以运输的安全性、可靠性也更高；更加方便，确切地说，航空快递不止涉及航空运输一种运输形式，它更像是陆空联运，通过将服务由机场延伸至客户的仓库、办公桌，航空快递真正实现了门到门服务，方便了客户。

（二）航空快递的主要流程

（1）快递企业由各分点收取航空快件，在规定时间运转到快递企业总运转中心；

（2）总运转中心对应分检货物，确定对应机场发货总量同外包装件数；

（3）快递企业向航空代理预订舱位，并将航空货物交给航空代理；

（4）航空代理接到快递企业订舱资料，根据快递企业要求时效，对应向航空公司预订舱位；

（5）航空公司批舱后，航空代理在对应的航班起飞前3小时完成交机场主单，对应起飞前2小时过完安检；

（6）航空代理将对应机场资料（如到北京/上海/等）给快递企业；

（7）快递企业在飞机落地后2~3小时提取货物，分拣后运到各派送点安排派送。

（三）航空快递的报关

1. 快件入境的报关程序

第一步：快件运抵快件监管中心前，营运人通过电子数据交换（Electronic Date Interchange，EDI）方式向海关申报电子报文，应申报该批快件以下数据项：总运单号；进口日期；航班号；申报公司；快递公司；收件人；品名；数量；重量；价值；性质。

第二步：快件实际运抵快件监管中心，且经海关审核电子报文无误、符合有关规定的，海关通过EDI系统向运营人发送放行指令。

2. 快件出境的报关程序

第一步：运营人填制报关单，持总运单、每份快件的分运单及其他海关所需单证向海关申报。

第二步：经海关审核无误并符合有关规定的，海关在总运单上加盖放行章。

3. 各种快件报关流程

下面以广州口岸为例，介绍各种快件报关流程。

（1）进口快件报关流程，如图4-6所示：

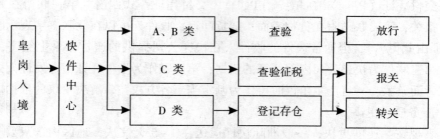

图4-6 进口快件报关流程图

（2）出口快件报关流程，如图4-7所示：

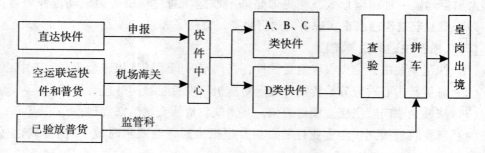

图4-7 出口快件报关流程图

（3）进口转关流程，如图 4-8 所示：

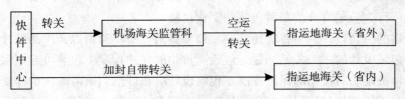

图 4-8 进口转关流程图

（4）普货报关流程，如图 4-9 所示：

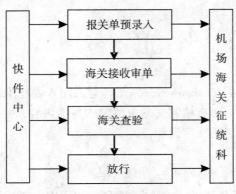

图 4-9 普货报关流程图

4. 进出境快件报关单

进出境快件报关单如图 4-10 所示：

运营人名称：	进/出口岸：	运输工具航次：	进/出口日期：	总运单号码：		
序号	分运单号码	名称	件数	重量（KG）	收/发件人名称	验放代码
本营运人保证： 年 月 日向 海关申报的上述货物为《中华人民共和国海关对进出境快件监管办法》中的文件类范围内的货物，并就申报的真实性和合法性向你关负法律责任。（运营人报关专用章） 报关员： 申报日期：						
以下由海关填写						
海关签章： 经办官员： 日期： 查验官员： 日期：						

图 4-10 进出境快件报关单

（四）航空快递的包装

包装是指在快递过程中，使用适当的材料、容器和技术以维护商品安全，便于商品运动的技术经济行为。通常分消费者包装和工业包装。

航空快递的包装设计应当将快递需要、加工制造、市场营销以及产品设计要求结合在一起考虑。包装设计的一个关键问题是包装对货物的保护程度。包装可起到保护货物的作用，包装设计决定了对货物的保护程度。包装设计应正好达到所需的保护程度，而不要出现过分保护，以免增加包装费用。要设计出令人满意的包装，必须先弄清楚可能损坏的程度，然后把设计一项一项地分隔开来，看这些设计是否能够提供保护功能。

任务四　航空货运相关单证

一、航空货物托运书

（一）托运书的定义

托运书（Shippers Letter of Instruction）是托运人用于委托承运人或其代理人填开航空货运单的一种表单，表单上列有填制货运单所需的各项内容，并应印有授权于承运人或其代理人代其在货运单上签字的文字说明。

（二）托运书的内容

1. 托运人

填托运人的全称、街名、城市名称、国名，以及便于联系的电话号、电传号或传真号。

2. 收货人

填收货人的全称、街名、城市名称、国名（特别是在不同国家内有相同城市名称时，必须填上国名）以及电话号、电传号或传真号，本栏内不得填写"order"或"to order of the shipper"（按托运人的指示）等字样，因为航空货运单不能转让。

3. 始发站机场

填始发站机场的全称。

4. 目的地机场

填目的地机场的全称（不知道机场名称时，可填城市名称），如果某一城市名称用于一个以上国家，应加上国名。

5. 要求的路线/申请订舱

本栏用于航空公司安排运输路线时使用，但如果托运人有特别要求时，也可填入本栏。

6. 供运输用的声明价值

填供运输用的声明价值金额，该价值即为承运人负赔偿责任的限额。承运人按有关规定向托运人收取声明价值费，但如果所交运的货物毛重每公斤不超过20美元（或其等值货币），无需填写声明价值金额，可在本栏内填入"NVD"（NO Value Declared，未声明价值），如本栏空着未填写，承运人或其代理人可视为货物未声明价值。

7. 供海关用的声明价值

国际货物通常要受到目的站海关的检查，海关根据此栏所填数额征税。

8. 处理事项

填附加的处理要求，例如"另请通知"，除填收货人之外，如托运人还希望在货物到达的同时通知他人，请另填写通知人的全名和地址。

9. 货运单所附文件

填随附在货运单上送往目的地的文件，应填上所附文件的名称，例如托运人的动物证明。

10. 件数和包装方式

填该批货物的总件数，并注明其包装方法。例如：包裹（Package）、纸板盒（Carton）、盒（Case）、板条箱（Crate）、袋（Bag）、卷（Roll）等，如货物没有包装时，就注明为散装（Loose）。

11. 实际毛重

本栏内的重量应由承运人或其代理人在称重后填入，如托运人已经填上重量，承运人或其代理人必须进行复核。

12. 运价类别

本栏可空着不填，由承运人或其代理人填写。

13. 计费重量（公斤）

本栏内的计费重量应由承运人或其代理人在量过货物的尺寸（以厘米为单位）由承运人或其代理人算出计费重量后填入，如托运人已经填上时，承运人或其代理人必须进行复核。

14. 费率

本栏可空着不填。

15. 货物的品名及数量（包括体积及尺寸）

填货物的品名和数量（包括尺寸或体积）。货物中的每一项均须分开填写，并尽量填写详细，本栏所属填写内容应与出口报关发票和进口许可证上所列明的相符。

16. 托运人签字

托运人必须在本栏内签字。

17. 日期

填托运人或其代理人交货的日期。

二、航空运单

（一）航空运单的含义、性质和作用

1. 含义

航空运单是承运货物的航空公司或其代理人，在收到所承运的货物后签发给托运人的货物收据和承诺进行运输的凭证。它与海运提单不同，它是托运人与承运人或其代理人签

订的运输合同，也是进行航空运输的凭证，但它不可转让，不能作为物权凭证。

2. 性质和作用

（1）航空货运单是发货人与航空承运人之间签订的运输合同。

（2）航空货运单是承运人签发的已接收货物的证明，是货物的收据。

（3）航空货运单有别于海运提单，并非代表货物所有权的物权凭证，是不可议付的单据。

（4）航空货运单是承运人据以核收运费单据和结算的凭证。

（5）航空货运单是报关单据之一。

（6）航空货运单可以作为保险证书。

（7）航空货运单是承运人内部业务处理的依据。

（二）航空运单的种类

1. 主运单

由航空公司签发的航空运单称为主（或总）运单。

2. 分运单

分运单是航空运输代理公司在办理集中托运业务时签发给各个发货人的运单。

（三）航空运单的内容

航空运单与海运提单类似，也有正面、背面条款之分，不同的航空公司也会有自己独特的航空运单格式。但各航空公司所使用的航空运单则大多借鉴 IATA 所推荐的标准格式，差别并不大，所以我们这里只介绍这种标准格式，也称中性运单。下面就有关需要填写的栏目说明如下：

1. 始发站机场：需填写 IATA 统一制定的始发站机场或城市的三字代码，这一栏应该和 11 栏相一致。

1A：IATA 统一编制的航空公司代码，如我国的国际航空公司的代码就是 999；

1B：运单号。

2. 发货人姓名、住址（Shipper's Name and Address）：填写发货人姓名、地址、所在国家及联络方法。

3. 发货人账号：只在必要时填写，一般不填。

4. 收货人姓名、住址（Consignee's Name and Address）：应填写收货人姓名、地址、所在国家及联络方法。与海运提单不同，因为空运单不可转让，所以"凭指示"之类的字样不得出现。

5. 收货人账号：同 3 栏一样只在必要时填写。

6. 承运人代理的名称和所在城市（Issuing Carrier's Agent Name and City）。

7. 代理人的 IATA 代号。

8. 代理人账号。

9. 始发站机场及所要求的航线（Airport of Departure and Requested Routing）：这里的始发站应与 1 栏填写的相一致。

10. 支付信息（Accounting Information）：此栏只有在采用特殊付款方式时才填写。

11A（C、E）. 去往（To）：分别填入第一（二、三）中转站机场的IATA代码。

11B（D、F）. 承运人（By）：分别填入第一（二、三）段运输的承运人。

12. 货币（Currency）：填入ISO货币代码。

13. 收费代号：表明支付方式。

14. 运费及声明价值费（Weight Charge/Valuation Charge，WT/VAL）：此时可以有两种情况：预付（PPD，Prepaid）或到付（COLL，Collect）。如预付在"14A"中填入"＊"，否则填在"14B"中。需要注意的是，航空货物运输中运费与声明价值费支付的方式必须一致，不能分别支付。

15. 其他费用（Other Charges）：也有预付和到付两种支付方式。

16. 运输声明价值（Declared Value for Carriage）：在此栏填入发货人要求的用于运输的声明价值。如果发货人不要求声明价值，则填入"NVD"（No Value Declared）。

17. 海关声明价值（Declared Value for Customs）：发货人在此填入对海关的声明价值，或者填入"NCV"（No Customs Valuation），表明没有声明价值。

18. 目的地机场（Airport of Destination）：填写最终目的地机场的全称。

19. 航班及日期（Flight/Date）：填入货物所搭乘航班及日期。

20. 保险金额（Amount of Insurance）：只有在航空公司提供代保险业务而客户也有此需要时才填写。

21. 操作信息（Handling Information）：一般填入承运人对货物处理的有关注意事项，如"Shipper's certification for live animals（托运人提供活动物证明）"等。

22A~22L. 货物运价、运费细节。

22A. 货物件数和运价组成点（No. of Pieces RCP，Rate Combination Point）：填入货物包装件数。如10包即填"10"。当需要组成比例运价或分段相加运价时，在此栏填入运价组成点机场的IATA代码。

22B. 毛重（Gross Weight）：填入货物总毛重。

22C. 重量单位：可选择公斤（kg）或磅（lb）。

22D. 运价等级（Rate Class）：针对不同的航空运价共有6种代码，它们是M（Minimum，起码运费）、C（Specific Commodity Rates，特种运价）、S（Surcharge，高于普通货物运价的等级货物运价）、R（Reduced，低于普通货物运价的等级货物运价）、N（Normal，45kg以下货物适用的普通货物运价）、Q（Quantity，45kg以上货物适用的普通货物运价）。

22E. 商品代码（Commodity Item No.）：在使用特种运价时需要在此栏填写商品代码。

22F. 计费重量（Chargeable Weight）：此栏填入航空公司据以计算运费的计费重量，该重量可以与货物毛重相同，也可以不同。

22G. 运价（Rate/Charge）：填入该货物适用的费率。

22H. 运费总额（Total）：此栏数值应为起码运费值或者是运价与计费重量两栏数值的乘积。

22I. 货物的品名、数量，含尺码或体积（Nature and Quantity of Goods incl. Dimensions or Volume)：货物的尺码应以厘米或英寸为单位，尺寸分别以货物最长、最宽、最高边为基础。体积则是上述三边的乘积，单位为立方厘米或立方英寸。

22J. 该运单项下货物总件数。

22K. 该运单项下货物总毛重。

22L. 该运单项下货物总运费。

23. 其他费用（Other Charges）：指除运费和声明价值附加费以外的其他费用。根据IATA规则，各项费用分别用三个英文字母表示。其中前两个字母是某项费用的代码，如运单费就表示为AW（Air Waybill Fee）。第三个字母是C或A，分别表示费用应支付给承运人（Carrier）或货运代理人（Agent）。

24~26. 分别记录运费、声明价值费和税款金额，有预付与到付两种方式。

27~28. 分别记录需要付与货运代理人（Due Agent）和承运人（Due Carrier）的其他费用合计金额。

29. 需预付或到付的各种费用。

30. 预付、到付的总金额。

31. 发货人的签字。

32. 签单时间（日期）、地点、承运人或其代理人的签字。

33. 货币换算及目的地机场收费记录。

（四）航空运单填制的一般规定

（1）航空货运单号码是货运单的组成部分，由两组数字组成：第一组数字为航空公司的代号，每个航空公司都有固定的代号，由三位数字组成，如中国国际航空公司代号为"999"，日本航空公司代号为"131"，法国航空公司的代号为"057"，第二组数字为8位数，前7位是货运单的顺序号，第8位数字为检查号。

（2）货运单的填写应按照托运人在托运书上所填内容逐项填写，字迹要清楚，内容要准确，不能涂改。发货人或其代理人要对货运单所填内容的准确性负责。

（3）每批货物或集合运输的货物每批均填制一份货运单。

（4）货运单已填内容在运输过程中若需要修改，则在修改项目的近处注明修改货运单的空运企业名称、修改日期、地点。

（5）如果货物无法交付需要退运时，则需要填制新的航空货运单。

（五）航空货运单的填开责任

根据《华沙公约》、《海牙协议书》和承运人运输条件的条款规定，承运人的承运条件为托运人准备航空货运单。

根据《华沙公约》相关规定，航空货运单应当由托运人填写，承运人根据托运人的要求填写航空货运单，在没有相反证据的情况下，应该视为代替托运人填写。由于托运单所填内容不准确、不完全，致使承运人或其他人遭受损失的，由托运人负责。航空公司或其他代理人，应根据托运人的托运书或委托书代替托运人填写航空货运单；托运人在航空货运单上签字，托运人在航空货运单上的签字证明其接受航空货运单正本背面的运输条件和契约。

999	1		999—

Shipper's Name and Address2　**Shipper's Account Number3**

Not Negotiable
Air Waybill
Issued by

中国国际航空公司
AIR CHINA
BEIJING CHINA

Copies 1, 2 and 3 of this Air Waybill are originals and have the same validity.

Consignee's Name and Address　**Consignee's Account Number**

4　5

It is agreed that the goods described herein are accepted for carriage in apparent good order And condition (except as noted) and SUBJECT TO THE CONDITIONS OF CONTRACT ON THE REVERSE HEREOF. ALL GOODS MAY BE CARRIED BY AND OTHER MEANS INCLUDING ROAD OR ANY OTHER CARRIER UNLESS SPECIFIC CONTRARY INSTRUCTIONS ARE GIVEN HEREON BY THE SHIPPER. THE SHIPPER阶 ATTENTION IS DRAWN TO THE NOTICE CONCERNING CARRIER'S LIMITATION OF LIABILITY. Shipper may increase such limitation of liability by declaring a higher value for carriage and paying a supplemental charge if required.

Issuing Carrier's Agent Name and City6　**Accounting Information 10**

Agent's IATA Code7　**Account No.8**

Airport of Departure (Addr. of First Carrier) and Requested Routing9

To	By First Carrier Routing and Destination11	to	by	to	by	Currency 12	CHGS Code	WT/VAL PPD COLL	Other PPD COLL	Declared Value for Carriage	Declared Value for Customs
A	B	C	D	E	F		13	PP CC	PP CC	16	17

Airport of Destination	Flight/Date	For carrier Use Only Flight/Date	Amount of Insurance	INSURANCE - If Carrier offers insurance, and such insurance is requested in accordance with the conditions thereof, indicate amount to be insured in figures in box marked "Amount of Insurance."
18	19A	19B	20	

Handing Information21

(For USA only) These commodities licensed by U.S. for ultimate destination .... Diversion contrary to U.S. law is prohibited

No of Pieces RCP	Gross Weight	Kg lb	Rate Class22D / Commodity Item No.22E	Chargeable Weight22F	Rate Charge22G	Total 22H	Nature and Quantity of Goods22I (incl. Dimensions or Volume) 22J
22A	22B	22C				22K	22L

Prepaid	Collect	WeightCharge 24	Other Charges23

Valuation Charge25

Tax26

Total other Charges Due Agent27

Shipper certifies that the particulars on the face hereof are correct and that insofar as any part of the

condition for carriage by air according to the applicable Dangerous Goods Regulations.

Total other Charges Due Carrier28

29		Signature of Shipper or his Agent
Total Prepaid	Total Collect	
Currency Conversion Rates33A	CC Charges in Dest. Currency33B	
For Carrier's Use only at Destination	Charges at Destination33C / Total Collect Charges33D	Executed on (date)　at(place)　Signature of Issuing Carrier or its Agent　999—

图 4-11　航空运单（中国国际航空公司）

【项目小结】

空运是国际运输中最为快捷的运输方式，一般承运的是货值较高的货物，随着社会化生产的发展，人们对国际货物运输提出了更高的要求，航空货运恰恰可以满足这一要求。航空货运代理主要要求学生掌握航空货运的基础知识，了解航空货运的设施、设备，掌握航空货运运费的计算，掌握航空货运的流程，掌握航空货运单的缮制。

【思考与练习】

一、单项选择题

1. （ ） 是航空运输的最大优势和主要特点。

   A. 舒适   B. 灵活   C. 速度快   D. 单位运输成本高

2. 航空运输的成本结构由 （ ） 构成。

   A. 低可变成本和低固定成本   B. 高可变成本和低固定成本

   C. 高可变成本和高固定成本   D. 低可变成本和高固定成本

3. 由航空公司签发的航空运单均称为 （ ）。

   A. 航空分运单   B. 航空主运单   C. 航空货运单   D. 国内航空分运单

4. 由航空货运公司在办理集中托运业务时签发给每一个发货人的运单称为 （ ）。

   A. 航空分运单   B. 航空主运单   C. 航空货运单   D. 国内航空分运单

5. 航空货物运输费用包括运费和 （ ）。

   A. 附加费   B. 声明价值附加费 C. 地面运费   D. 中转手续费

6. 航空公司规定计费重量按 （ ） 统计。

   A. 实际重量

   B. 实际重量和体积重量两者之中较高的一种

   C. 体积重量

   D. 实际重量和体积重量两者之中较低的一种

7. 在集中托运情况下，同一总运单下会有多件货物，其中有重货也有轻泡货物，其计费重量采用 （ ） 计算。

   A. 整批货物的总实际重量或总的体积重量，按两者中较高的一种

   B. 整批货物的总实际重量

   C. 整批货物的总体积重量

   D. 重货按实际重量，轻泡货物按体积重量分别计算

8. 航空运费计算时，首先适用 （ ）。

   A. 起码运费   B. 指定商品运价 C. 等级货物运价   D. 普通货物运价

9. 当采用指定商品运价、等级货物运价和普通货物运价计算的运费总额均低于所规定的起码运费时，按 （ ） 计收。

   A. 指定商品运价   B. 等级货物运价   C. 普通货物运价   D. 起码运费

10. 应用最为广泛的一种运价是 （ ）。

   A. 指定商品运价   B. 等级货物运价   C. 普通货物运价   D. 起码运费

11. A 点至 B 点，某种普通货物为 4 千克，M 级运费为人民币 37.5 元，而 45 千克以下货物运价即等级运价为人民币 8 元/千克，应收运费为（　　）元。

    A. 32　　　　　　　B. 37.5　　　　　　C. 32 或 37.5　　　D. 35

12. 下列关于航空运输优点的说法，错误的是（　　）。

    A. 速度快　　　　　　　　　　　　B. 连续性好

    C. 机动性好　　　　　　　　　　　D. 运载量小，运输费用高

13. 航空货物体积重量的折算标准为每（　　）cm³ 折合 1kg。

    A. 3000　　　　　　B. 4000　　　　　　C. 5000　　　　　　D. 6000

14. 航空运费代号 "M" 表示（　　）。

    A. 最低运费　　　B. 普通货物运价　　C. 等级货物运价　　D. 指定商品运价

15. 航空运费代号 "S" 表示（　　）。

    A. 最低运费　　　B. 普通货物运价　　C. 等级货物运价　　D. 指定商品运价

16. 航空运费代号 "C" 表示（　　）。

    A. 最低运费　　　B. 普通货物运价　　C. 等级货物运价　　D. 指定商品运价

17. 航空运价中 "N" 表示标准普通货物运价，是指（　　）千克以下的普通货物运价。

    A. 45　　　　　　　B. 50　　　　　　　C. 55　　　　　　　D. 60

二、多项选择题

1. 下列关于航空运输缺点的说法，正确的是（　　）

    A. 载运量小，运输费用高　　　　　B. 能耗大，技术复杂

    C. 运输成本高　　　　　　　　　　D. 连续性好

2. 航空运输设备包括（　　）

    A. 航空器　　　　B. 航空港　　　　　C. 集装设备　　　　D. 航空机场

3. 航空运输业务的种类包括（　　）

    A. 班机运输　　　B. 包机运输　　　　C. 集中托运　　　　D. 航空快递

4. 航空快递的特点，主要表现在（　　）

    A. 收件范围不同　　B. 经营者不同　　C. 使用单据不同　　D. 服务质量更高

5. 航空运单正本具有的作用有（　　）

    A. 第一份交发货人，是承运人或其代理人收货后出具的收据

    B. 第二份由承运人留存为记账凭证

    C. 第三份随货同行，交收货人作为收货依据

    D. 第四份由保险人留存为记账凭证

6. 关于公布的直达运价，以下说法正确的是（　　）。

    A. 是一个机场至另一个机场的基本运费

    B. 不含其他附加费

    C. 该运价仅适用于单一方向

    D. 包含其他附加费

7. 航空运输主要适合运载的货物有（　　　）。

A. 价值高的货物　　　　　　　　B. 价值低的货物

C. 紧急需要的物资　　　　　　　D. 体积小的货物

8. 下列关于航空主运单和分运单的说法，正确的是（　　　）

A. 凡是由航空运输公司签发的航空运单均称为主运单

B. 集中托运人在办理集中托运业务时签发的航空运单称为航空分运单

C. 在集中托运的情况下，除了航空运输公司签发运单外，集中托运人还要签发航空分运单。

D. 在集中托运的情况下，货主与航空运输公司没有直接的合同关系

9. 航空运价的特点包括（　　　）

A. 运价是从某一机场到另一机场，而且只适应于单一方向

B. 运价不包括其他额外费用，如提货、报关、仓储等费用

C. 运价通常使用当地货币公布

D. 运价是按出具运单之日所适用的运价计收

三、简答题

1. 国际航空运价的种类有哪些？

2. 作为特种货物运输的活动物，运输时应注意哪些问题？

3. 请绘制航空货运代理进出口业务流程图。

四、案例分析

1. 一票航空运输的货物，从新加坡经北京中转到天津，运输的是机器设备，货运单号为 555—89783442（Airport of destination：新加坡；Airport of destination：北京），3 件，货物重 178kg，计费重量共 206kg，从新加坡运往北京采用的是飞机运输，再从北京转运天津时，使用卡车运输，但在高速公路上，不幸发生车祸，设备全部损坏。请问：

（1）航空公司是否应赔偿？为什么？

（2）如果赔偿，应赔偿多少？

2. 一票从北京运往伦敦的机器配件，在巴黎中转，货运单号为 666-33783442，4 件，每件重 25kg，当在巴黎中转时，由于临时出现问题，发货人向航空公司提出停止运输要求，且返回北京。请问：

（1）发货人的请求是否可以得到航空公司的许可？为什么？

（2）返回的机器配件的运费由谁来支付？

3. 一票从上海运往泰国的整套流水线机器，货运单号为 777-89783442，由于机器比较庞大，用了 6 个箱子，每件重 60kg，整套机器价值 6000 美元，无声明价值，在终点站接货时，发现一个箱子开裂，经检验，这个箱子的机器已完全受损，其他 5 个箱子完好。

请问：航空公司应如何赔偿？

项目五　国际陆上货运代理

☞**学习目标**

教学目的：了解铁路、公路运输的特点、优势和相关的国际知识，了解陆上货运业务流程，掌握陆上货运单证的缮制以及代理运费的计算。

教学重难点：国际铁路货物联运费用的计算与核收方法，国际公路货物运输业务流程。

教学课时：10 学时。

【导入案例】

2006 年，中国和印度重新开放了连接西藏日喀则地区亚东县与印度锡金段的乃堆拉山口，恢复了中断 44 年的边贸通道。这将促进中国西藏和内地通往南亚陆路大通道的形成，大幅度降低运输成本。而以前，中印贸易 90% 以上需要通过海运，西藏的外贸主要在天津港吞吐，现在走乃堆拉山口，拉萨经亚东至加尔各答的跨度可以缩短 1200 公里。

同时，青藏铁路的全线通车，加强了西藏与全国各地的联系，也使中国与印度、尼泊尔等东南亚国置之脑后的经贸通路联系更为紧密。

中国国家开发银行云南省分行向云南保山至缅甸密支那公路建设项目提供 1.8 亿人民币。这条公路始建于 1942 年，原为抗日战争时期著名的"史迪威公路"的一部分。近年来，随着经济的发展，原等级较低的公路已不适应发展的需求，沿线丰富的矿产资源及下一步计划建设的中印输油管线都使重修公路显得非常迫切并具有重大的经济意义。

这条国际道路的修建，有利于中国与南亚、东南亚近 30 亿人口的两大区域的对接，形成巨大的人流、物流、信息流，是云南打造通向南亚、东南亚国际大通道的主要组成部分。

（资料来源：http://word.peole.com.cn/GB/1029/42354/4565308.html）

任务一　国际铁路货物联运

国际陆上货运业务主要包括国际公路运输和国际铁路运输。在短途货物集散运送中，公路运输发挥的作用很大。在进出口货物集散物流中，铁路运输起着重要的作用。

在国际货物运输中，铁路运输是仅次于海运的一种主要运输方式。运量较大，速度较快，一般不受气候条件的影响，可保障全年的正常运输，运输风险明显小于海洋运输，能常年保持准点运营，是国民经济的大动脉，联系着工业和农业、城市和乡村、内地和沿海、国内和国际。铁路运输在我国对外贸易中起着非常重要的作用。

一、国际铁路货物联运概述

（一）国际铁路货物联运的基本概念

国际铁路货物联运（International Railway Through Goods Traffic）是指在两个或两个以上国家铁路的货物运输中，由参加国铁路共同使用一份运送票据，在由一国铁路或另一国铁路移交货物和车辆时，无需收发货人参加，并以连带责任办理货物的全程铁路运输组织形式。

参加国际联运的国家分两个集团，一是有 32 个国家参加并签订了《国际铁路货物运送公约》的"货约"集团，另一个是曾有 12 个国家参加并签订了《国际铁路货物联运协定》（以下简称《国际货协》）的"货协"集团。"货协"国家自 20 世纪 80 年代末解体，但铁路联运业务并未终止，原"货协"的许多运作上的制度，因无新的规章替代仍被沿用，不过由于各国铁路的收费标准不一，报价困难，故 1991 年 6 月在华沙由保加利亚、中国、朝鲜、蒙古、罗马尼亚和前苏联制定了《关于统一过境运价规程的协约》，该协约决定在国际铁路货物过境运输中采取《统一过境运价规程》（以下简称《统一货价》）。《统一货价》不再从属于《国际货协》，具有独立的法律地位。《统一货价》是在《国际货协》的"统一货价"基础上修改、补充制定的，其中的费率由原来的按卢布计价改为按瑞士法郎计价。我国铁路货物联运从 1991 年 9 月 1 日起即执行上述规定。

（二）国际铁路货物联运的特点

国际铁路货物联运这种运输方式充分利用铁路成本较低、运输连贯性强、运输风险小和不易受天气和季节变化影响等优势，便于选择运输路径，从而缩短运输时间，减少运输费用。同时，也简化了手续，方便了发货人（收货人），发货人只需在发站办理一次性托运手续即可将货物运抵另一国的铁路到站。

国际铁路货物联运的具体特点包括以下四个方面：

1. 涉及面广

每运送一批货物都要涉及两个或两个以上国家、国境站。

2. 运输条件高

每批货物的运输条件，如包装、转载、票据的编制，添附文件及车辆使用，都要符合有关国际联运的规章、规定。

3. 办理手续复杂

货物必须在两个或两个以上国家铁路参加运送，在办理国际铁路联运时，其运输票据、货物、车辆及有关单证都必须符合有关规定和一些国家的正当要求。

4. 运送票据单一且明确

联运过程中只使用一份铁路联运票据完成货物的跨国运输，运输责任方面采用统一责任制。

（三）国际铁路货物联运的分类

1. 按货量、体积划分

（1）整车货。是指按一份运单托运的，按其体积或种类需要单独车辆运送的货物。

（2）零担货。是指按一份运单托运的一批货物，重量不超过 5000kg，按其体积或种类不需要单独车辆运送的货物。

（3）集装箱。是指按一份运单托运的，用大吨集装箱运送的货物或空的大吨位集装箱，一般要求货容超过 3 立方米、总重量达 2.5~5 吨和货容为 1~3 立方米、总重量未超过 25 吨的货物应采用集装箱托运。

2. 按运送速度划分

（1）快运。是指整车货每昼夜 320/运价公里，零担货每昼夜 200/运价公里。

（2）慢运。是指整车货每昼夜 200/运价公里，零担货每昼夜 150/运价公里。

（3）随旅客列车挂运。整车货每昼夜 420/运价公里。

二、国际铁路货物联运运费计算

国际铁路货物联运运送费用的计算和核收，必须遵循《国际货协》、《统一货价》和我国《铁路货物运价规则》（以下简称《国内价规》）的规定。联运货物运送费用包括货物运费、押运人乘车费、杂费和其他费用。

（一）运送费用核收的相关规定

1. 国际货协各铁路间运送费用核收的原则

（1）发送路的运送费用，在发站向发货人或根据发送路国现行规定核收。

（2）到达路的运送费用，在到站向收货人或根据到达路国现行规定核收。

（3）过境路的运送费用，按《统一货价》在发站向发货人或在到站向收货人核收。

2. 国际货协铁路与非国际货协铁路间运送费用核收的规定

（1）发送路和到达路的运送费用与国际货协各铁路间的相同。

（2）过境路的运送费用，则按下列规定计收：第一，参加货协国并实现《统一货价》各过境路的运送费用，在发站向发货人（相反方向运送则在到站向收货人）核收；但办理转发国家铁路的运送费用，可以在发站向发货人或在到站向收货人核收。第二，过境非国际货协铁路的运送费用，在到站向收货人（相反方向运送则在发站向发货人）核收。第三，在港口站所发生的杂费和其他费用任务情况下，都在这些港口站向发货人或收货人的代理人核收。

（二）货物联运国内运送段费用的计算

根据《国际货协》的规定，我国通过国际铁路联运的进出口货物，其国内段运送费用的核收应按照我国《铁路货物运价规则》进行计算。运费计算的方法如下：

（1）根据货物运价里程表确定从发站至到站的运价里程。

（2）根据运单上填写的货物品名查找货物品名检查表，确定适用的运价号。

（3）根据运价里程和运价号在货物运价率表中查出相应的运价率。

（4）按《铁路货物运价规则》确定的计费重量与该批货物适用的运价率相乘，算出该批货物的运费。计算公式：运费=[（发到基价+运行基价）×运价里程]×计费重量

（三）　货物联运过境运费的计算

国际铁路货物联运过境运费是按照《统一货价》的规定计算的。运费计算的方法如下：

（1）根据运单记载的应通过的国境站，在《统一货价》过境里程表中分别找出货物所通过的各个国家的过境里程。

（2）根据货物品名，查阅《统一货价》中的通用货物品名表，确定所运货物应适用的运价等级。

（3）根据货物运价等级和各过境路的运送里程，在《统一货价》中找出符合该批货物的运价率。

（4）《统一货价》对过境货物运费的计算是以慢运整车货物的运费额为基础的，即基本运费额，其他种别的货物运费，则在基本运费额的基础上分别乘以不同的加成率。

三、国际铁路货物联运业务流程

货物的托运是发货人组织货物运输的一个重要环节，发货人在托运货物时，应向车站提出货物运单，以此作为货物托运的书面申请。车站接到运单后，应进行认真的审核。

（一）　国际铁路货物联运出口业务流程

国际铁路货物联运出口货物运输组织工作，主要包括计划的编制、货物的托运、承运、装车、运送和交付等。

1. 国际铁路货物联运出口货物运输计划的编制

国际铁路货物联运出口货物运输计划一般指月度要车计划。凡发送整车货物，都需具备铁路部门批准的月度要车计划和旬度计划；零担货物则不需要向铁路部门编报月度要车计划，但发货人必须事先向发货站办理托运手续。国际铁路货物联运要车计划采用双轨编报的办法。各省、市、自治区发货单位应按当地铁路公司的规定，填制国际联运月度要车计划表，向铁路局（分局、车站）提出后，上报中国铁路总公司；各省、市、自治区经贸厅（局）和各进出口公司在审核汇总所属单位的计划后，报送中华人民共和国商务部；商务部汇总审核计划后，与铁路总公司平衡核定；商务部和铁路总公司将核定结果下达。

2. 国际铁路货物联运的托运和承运

整车货物办理托运，车站确认可以承运，应予签证。运单上的签证，表示货物应进入车站的日期或装车日期，表示铁路已受理托运。发货人应按签证指定的日期将货物搬入车站或指定的货位，铁路根据运单上的记载查对实货，认为符合国际货协和有关规章制度的规定，车站方可接收货物，并开始负保管责任。整车货物一般在装车完毕后，发站应在运单上加盖承运日期戳，即为承运。

发运零担货物车站受理托运后，发货人应按签证的日期将货物搬进货场，送到指定的货位上，经查验、过磅后，即交由铁路保管。当车站将发货人托运的货物，连同货物运单一同接受完毕，在货物运单上加盖承运日期戳时，即表示货物业已承运。铁路对承运后的零担货物负保管、装车和发运的责任。

托运、承运完毕，铁路运单作为运输合同即开始生效。铁路按《国际货协》的规定对货物负保管、装车并运送到目的地的一切责任。

3. 联运出口货物在国境站的交接

联运出口货物在国境站的交接程序一般有以下几点：

首先，国境站接到国内前方站的列车到达预报后，立即通知国际联运交接所，该所受站长直接领导，负责完成办理货物、车辆和运送用具的拼接和换装工作，办理各种交接手续，检查运送票据和编制商务记录，处理交接中发生的各种问题，计算有关费用和联系组织与邻国货车衔接事宜等工作。

其次，列车进站后由铁路会同海关接车，海关负责对列车监管和检查，未经海关许可的列车不准移动、解体或调离，车上人员亦不得离开。铁路负责将随车带交的票据送交接所。

再次，交接所内有铁路、海关、商检、动植检、卫检、边检、外运等单位联合办公实行流水作业。铁路公司负责整理、翻译运送票据，编制货物和车辆交接单；外运负责审核货运单证，纠正错发、错运及单证上的差错并办理报关、报验手续；海关查验货、证是否相符和是否符合有关政策法令，如无问题则负责放行。

最后，由相邻两国的铁路双方办理具体的货物和车辆的交接手续并签署交接证件。

4. 出口货物的交付

出口货物装车发运，在货物到站后，应通知运单中所记载的收货人领取货物。在收货人付清运单所载的一切应付运送费用后，铁路公司将第一、五联运单交收货人凭以清点货物，收货人在领取货物时应在运单第二联上填写领取日期并加盖收货戳记。收货人只在货物因毁损或腐坏而使质量发生变化，以致部分货物或全部货物不能按原用途使用时，才可以拒绝领取货物。收货人领取货物时，应在运行报单上填记货物领取日期，并加盖收货戳记。

（二）国际铁路货物联运进口业务流程

国际铁路货物联运进口货物运输与联运出口货物运输与单据的流转程序基本相同，只是在流转方向上正好相反。进口货物国际铁路联运的程序具体如下：

1. 确认货物到达站

国内订货部门应提出确切的到达站的车站名称和到达路局的名称，除个别单位在国境站设有机构者外，均不得以我国国境站或换装站为到达站，也不得以对方国境站为到达站。

2. 注明货物经由的国境站

进口货物国际联运，要求注明经由哪个口岸车站进境。

3. 编制货物的运输标志

各部门对外订货签约时，必须按照原外经贸部的统一规定编制运输标志，不得颠倒顺序和增加内容，否则会造成错发、错运事故。

4. 向国境站外运机构寄送合同资料

合同资料是国境站核放货物的重要依据，各进出口公司在对外合同签字后，要及时将一份合同中文抄本寄给货物进口口岸的外运分支机构。对于由外运分支机构接收分拨的小额订货，必须在抄寄合同的同时，按合同内容添附货物分类表。合同资料包括：合同的中文抄本和其附件、补充书、协议书、变更申请书、更改书和有关确认函电等。

5. 进口货物的交接

进口国境站有关单位根据货车的预报和确报，通知交接所和海关做好检查准备工作，货车到达后铁路会同海关接车，然后两国接站所根据交接单，办理货物和车辆的现场交接。我国进口国境站交接所通过内部联合办公做好单据接放、货物报关报验工作，然后由铁路负责将货物调往换装线，进行换装作业，并按流向编组向国内发运。

6. 进口货物的核放

进口合同资料是核放货物的唯一资料，也是纠正货物错乱的重要资料。口岸外运在收合同资料后，如发现内容不齐全、有错误、字迹不清，应迅速联系有关公司修改更正。进口货物抵达国境站时，口岸外运公司根据合同资料对各种货单证时行审核，只有单、证、票、货完全相符，才可以核放货物。

7. 联运进口货物的分拨、分运

对于小额订货、合装货物或者混装货物，通常以口岸外运分公司作为收货人。因此，在双方国境站办完货物交接手续后，口岸外运分公司应及时向铁路提取货物，进行开箱分拨，并按合同缮制有关货运单据，向铁路重新办理托运手续。在分运货物时必须做到货物包装牢固，单、货相符，并办完海关申报手续。

8. 进口货物的交付

铁路到站向收货人发到货通知；收货人接到通知后向铁路付清运送费用后，铁路将运单和货物交给收货人；收货人在取货时应在运行报单上加盖收货戳记。

四、国际铁路货物联运相关单证

国际铁路联运的货运单证主要是国际铁路联运运单以及为发送路和过境路准备的必要份数的补充运行报单，此外还有添附文件。我国出口货物必须添附出口货物明细单、出口货物报关单以及出口外汇核销单，另外，根据规定和合同的要求，还要添附出口许可证、品质证明书、检验证、卫生检疫证、动植检验检疫证以及装箱单、磅码单、化验单、产地证和发运清单等有关单证。

（一）联运运单的组成

国际铁路联运运单，是发货人与铁路之间缔结的运输契约，它规定了铁路与发货人、收货人在货物运送中的权利、义务和责任，对铁路和发货人、收货人都具有法律效力。

国际铁路联运运单一式五联：

第一联：运单正本，随货物至到站，并连同第五联和货物一起交给收货人；

第二联：运行报单，随货物至到站，并留存到达站；

第三联：运单副本，运输合同签订后，交给收货人；

第四联：货物交付单，随货物至到站，并留存到达站；

第五联：货物到达通知单，随货物至到站，并连同第一联和货物一起交给收货人。

（二）联运运单的缮制

联运运单的内容主要由发货人具体填写，以下就其中主要栏目进行说明：

（1）发货人及通信地址栏：填写发货人名称及通信地址。发货人只能是一个自然人或法人。填写发货人名称时，可为发货人姓名或发货单位完整名称。由中、朝、越发货时，准许填写这些国家规定的发货及其通信地址代号。

（2）合同号码栏：发货人应在该栏内填写出口单位和进口单位签订的供货合同号码。

（3）发站栏：填写运价规程中所载的发站全称。

（4）发货人特别声明栏：发货人可在本栏中填写自己的声明，例如关于运单的修改，关于易腐货物的运送方法等。

（5）收货人及其通信地址栏：填写收货人名称及其通信地址。收货人只能是一个自然人或法人。填写收货人名称时，可为收货人名称或收货单位完整名称。必要时，发货人可指定，在收货人的专线或专用铁路交货。往中、朝、越发货时，准许填写这些国家规定的收货人及其通信地址的代号。

（6）对铁路无约束力的记载栏：发货人可以在本栏填写有关本批货物的记载，供收货人参考，铁路对此不承担任何义务和责任。

（7）通过的国境站栏：记载货物应通过的发送国和过境国的出口境站。如有可能从一个出口国境站通过邻国的几个进口国境站办理货物运送，则还应注明运送所要通过的进口国境站，根据发货人注明的通过国境站确定经路。

（8）到达路和到站栏：在斜线之前，应注明到达路的简称；在斜线之后，应用印刷体字母注明运价规程上到站的全称。运往朝鲜的货物，还应注明到站的代号。

（9）记号、标记、号码栏：填写每件货物上的记号、标记、号码。

（10）包装种类栏：注明货物的包装各类（如"木箱"、"纸箱"、"铁桶"等）；使用集装箱运送货物时，注明"集装箱"字样，并在下面用括号注明装入集装箱内货物的包装种类。如货物运送时不需要容器或包装，并在托运时未加容器和包装，则应记载"无包装"字样。

（11）货物名称栏：货物名称应符合《国际铁路货物联运协定》的相关规定，包括：其他货物或按运送该批货物适用的发送路、到达路或直通路运价规程品名表的规定，或按贸易上通用的名称填写。

（12）件数栏：注明一批货物的数量，使用集装箱运送货物，注明集装箱数，并在下面用括号注明装入所有集装箱内的货批总件数。如有敞车类货车运送不盖篷布或盖有篷布而未加封的货物，当总件数超过过100件时，则注明"堆装"字样，不注明货物件数。运送小型无包装制品时，亦注明"堆装"字样，不注件数。

（13）发货人确定的重量栏：注明货物的总重量。用集装箱和托盘或使用其他运送用具运送货物时，注明货物重量，订装箱、托盘或其他运送用具的自重和总重。对于大吨位集装箱，应分别记载每箱的货物重量、集装箱自重和总重。

（14）件数数量记录栏：用大写填写货物件数，即货物件数或记载"堆装"字样，而发送集装箱货物时，注明记载的装入集装箱内的货物总件数。

（15）货物重量记录栏：由发货人用大写填写"发货人确定的重量（以公斤记）"栏中所记载的总重量。

（16）发货人签字栏：发货人应签字证明列入运单中的所有事项正确无误。发货人的签字也可用印刷的方法或加盖戳记办理。

（17）互换托盘栏：本栏内的记载事项，仅与互换托盘有关。注明托盘互换办法，分别注明平式托盘和箱式托盘的数量。

（18）集装箱种类、类型栏：在发送集装箱货物时，应注明集装箱的种类和类型。

（19）集装箱所属者及号码栏：运送集装箱时，应注明集装箱所属记号和号码。不属铁路的集装箱，应在号码之后注明大写拉丁字母"P"。使用属于铁路的运送用具时，应注明运送用具可能有的所属记号和号码。不属铁路的运送用具，应注明字母"P"。填写事项时，如篇幅不足，应添附相当于运单的补充清单，并注明"记载事项见补充清单"字样。

（20）发货人负担下列过境铁路的费用栏：注明根据《国际铁路货物联运协定》相关规定，由发货人负担过境费用的过境路简称。如发货人不负担任一过境路的费用，则发货人应记载"无"字样；如未记载"无"字样，也认为过境运送费已转由收货人支付。

（21）办理种别栏：办理种别分为整车、零担、大吨位集装箱。不需要者可以划消。

（22）由何方装车栏：注明由谁装车。不需要者划消；无划消记载时，即认为由发货人装车。

（23）发货人添附的文件栏：注明发货人在运单上添附的所有文件的名称和份数。如出口货物明细单、出口货物报关单、动植物检疫证书、出口许可证、品质证明书、卫生检疫证书、植物检疫证书和其他货物出口所必需的文件。

（24）货物的声明价格栏：用大写字母注明货物的价格。

任务二 国际公路货物运输

公路运输是现代运输的主要方式之一，也是陆上运输的两个基本运输方式之一，它在整个运输领域中占有重要的地位，并发挥着越来越重要的作用。在国际货物运输中，它是一个不可缺少的组成部分。公路运输既是一个独立的运输体系，又是连接铁路车站、港口和机场集散物资的重要手段，是铁路运输、水路运输和航空运输起端和末端不可缺少的运输方式。公路运输一般是以汽车作为运载工具，所以它实际是公路汽车运输。

一、国际公路货物运输概述

（一）国际公路货物运输的基本概念

国际公路货物运输是指国际货物借助一定的运载工具，沿着公路做跨及两个或两个以上地点之间的移动，以实现货物的贸易交接，并根据国家的法律、法规完成货物的报关、报检、报验、纳税等相关手续。它是国际公路联运的重要组成部分，是保障国际公路联运顺利畅通的重要服务环节，是一个国家公路运输结束到另一个国家公路运输的开始，它是国际公路联运的重要枢纽。

（二）国际公路货物运输的特点

货物运输可采用公路、铁路、水路、空运、管道运输等多种方式，与这些运输方式相比较，汽车运输适应性强、灵活性强、速度快，便于周转流通；投资少，见效快；直达性能好，可以实行门到门服务；还可以广泛参与联合运输等。而国际汽车运输除具有以上汽车运输的特点外，还具有自身的特点，具体表现为以下几个方面：

1. 政治性强

国际汽车运输质量的优劣，不仅关系着客户的切身利益，而且直接影响国家的声誉以及国与国之间、民族与民族之间的关系，因而对车辆装备、人员素质、运输质量等各运输环节都有严格的要求。

2. 政策性强

国际汽车运输必须严格执行双方就运输路线、班次、时间、货物类别、起讫点、运输单证等事项签订的协议，严格遵守国家的出入境管理规定及对方国家的法律，因此政策性比较强。

3. 纵横关系复杂

国际汽车运输的中间环节多。在运输过程中，根据不同货物的贸易特点，可能涉及代理商、港口、船舶公司、工厂、仓库等业主，以及海关、商检、卫检、动植检、边检、保险公司等部门和国家有关主管部门，因此组织工作难度大，纵横关系比较复杂。

4. 时间性强，风险较大

国际市场上商品竞争十分激烈，贸易机会稍纵即逝，商品运输路线长、环节多、不确定因素出现率高，一旦误期，将造成很大损失，发生交通事故较国内更难处理。因此，要求国际汽车运输人员必须加强时间观念，提高预见性，并应具有较丰富的实务经验。

（三）　国际公路货物运输的分类

国际公路运输通常在边境贸易中使用，一般有以下几种方式：

1. 整车运输

即托运人一次托运的货物，其计费重量在 3 吨以上或不足 3 吨，但按照其性质、体积、形状需要有一辆汽车来装运的。

2. 零担运输

即托运人一次托运的货物按照其性质、体积、形状不足以用一辆汽车来装运的。零担货物运输按其性质和运输要求，可分为普通零担货物和特种零担货物。普通零担货物是指《汽车运价规则》中列明的并适用于零担汽车运输的一等、二等、三等普通货物；特种零担货物分长、大、笨重物品的零担货物，危险贵重物品的零担货物，以及特种鲜活物品的零担货物。

按件托运的零担货物，单件体积一般不得小于 $0.01m^3$（单件重量超过 10kg 的除外）；货物长度、宽度、高度分别不得小于 3.5m、1.5m 和 1.3m。

3. 集装箱货物运输

以集装箱为单位办理托运且由专用汽车载运的，称为集装箱运输，又称为成组运输或规格化运输。集装箱国际公路运输是联合运输的重要组成部分。

组成集装单位货物的形式通常有四种：第一种，按照一定的要求或规格捆扎而成的集装单位，如带钢、棉包等；第二种，以集装袋、集装网为单位的集装单位，通常用来盛装件杂货；第三种，以集装箱为单位的集装单元；第四种，以托盘为单位的集装单位。

汽车运输是连接铁路、公路、航空运输的有效方式，可以及时地为其他运输方式分流，缓解其他运输方式运力不足的紧张局面，特别是在现代化集装箱多式联运上，集装箱卡车可以直接开上滚装船和滚装火车的底盘,通过水路和铁路到达终点,再进行公路运输,直到把货物送达收货人手中。集装箱国际公路运输具有适应性强、灵活性强、便捷性强、速度快且投资回报率高等特点。

4. 包车货物运输

包车货物运输是指将车辆包给托运人安排使用的货物运输方式,在车辆承包期间,不得装运其他非此托运人的货物。包车运输通常有计程包车和计时包车两种方式。计程包车即运费按货物运输里程结算;计时包车指按包车时间结算运费。计时运输主要适用于以下情况:不易计算货物重量、运距;货物性质、道路条件限制车辆不能按正常速度运行;装卸次数频繁或时间过长;需托运人自行确定车辆开停时间;40t 及以上大型汽车及挂车运输。

5. 特种货物运输

特种货物是指被运输货物本身的特殊性质,在装卸储存运输工程中有特殊的要求,以保证运输货物的安全性。一般需要大型车、拖挂车、加宽车及槽罐车、冷藏车、保温车等特殊的运输车辆。这些货物分长、大、笨重的零担货物,危险贵重的零担货物以及特种鲜活的零担货物,根据不同的要求选择不同的特殊车辆运输。

(1) 危险货物运输

危险货物主要包括:爆炸品、压缩气体和液化气体、易燃气体、易燃固体、自燃物品和遇湿易燃物品、氧化剂和有机过氧化物、毒害品和感染性物品、放射性物品、腐蚀品。

(2) 大型物件运输

大型物件,按其外形尺寸和重量(含包装和支撑架)分成四级,凡达到下列标准之一者均为大型物件。四级大型物件分类标准如表 5-1 所示:

表 5-1 　　　　　　　　　　　　　　四级大型物件分类标准

分类标准 物件类型	长度标准/m	宽度标准/m	高度标准/m	重量标准/t
一级大型物件	[14, 20)	[3.5, 4.5)	[3, 3.8)	[20, 100)
二级大型物件	[20, 30)	[4.5, 5.5)	[3.8, 4.4)	[100, 200)
三级大型物件	[30, 40)	[5.5, 6)	[4.4, 5)	[200, 300)
四级大型物件	[40, ∞0)	[6, ∞)	[5, ∞)	[300, ∞)

二、国际公路货物运输运费计算

(一) 公路货物运费的计算公式

1. 整批货物运费的计算公式

整批货物运费=吨次费×计费重量+整批货物运价×计费重量×计费里程
+货物运输其他费用

其中,整批货物运价按货物运价价目计算。

2. 零担货物运费的计算公式

零担货物运费＝计费重量×计费里程×零担货物运价＋货物运输其他费

其中，零担货物运价按货物运价价目计算。

3. 集装箱运费的计算公式

重（空）集装箱运费＝重（空）箱运价×计费箱数×计费里程＋箱次费×计费箱数
　　　　　　　　　　＋货物运输其他费用

其中，集装箱运价按计价类别和货物运价价目计算。

4. 计时包车运费的计算公式

包车运费＝包车运价×包用车辆吨位×计费时间＋货物运输其他费用

其中，包车运价按照包用车辆的不同类别分别制定。

由以上公路货物运费的计算公式可以看出，计算公路货物运费，关键在于明确公路货物运输的运价价目、计费重量（箱数）、计费里程（时间）以及货物运输的其他费用。下面分别介绍上述运费计算因素的确定方法。

（二）公路货物运价价目

1. 基本运价

（1）整批货物基本运价：指一等整批普通货物在等级公路上运输的每吨公里运价。

（2）零担货物基本运价：指零担普通货物在等级公路上运输的每千克公里运价。

（3）集装箱基本运价：指各类标准集装箱重箱在等级公路上运输的每箱公里运价。

2. 吨（箱）次费

（1）吨次费：对整批货物运输，在计算运价费用的同时按货物重量加收吨次费。

（2）箱次费：对汽车集装箱运输，在计算运价费用的同时按不同箱型加收箱次费。

3. 普通货物运价

普通货物实行分等计价，以一等货物为基础，二等货物加成 15%，三等货物加成 30%。

4. 特种货物运价

（1）大型特型笨重货物运价。

①一级大型特型笨重货物在整批货物基本运价的基础上加成 40%～60%；

②二级大型特型笨重货物在整批货物基本运价的基本上加成 60%～80%。

（2）危险货物运价。

①一级危险货物在整批（零担）货物基本运价的基础上加成 60%～80%；

②二级危险货物在整批（零担）货物基本运价的基础上加成 40%～60%。

（3）贵重、鲜活货物运价。

在整批（零担）货物基本运价的基础上加成 40%～60%。

5. 特种车辆运价

按车辆的不同用途，在基本运价的基础上加成计算。特种车辆运价和特种货物运价两个价目不准同时加成使用。

6. 非等级公路货运运价

在整批（零担）货物基本运价的基础上加成 10%～20%。

7. 快速货运运价

按计价类别在相应运价的基础上加成计算。

8. 集装箱运价

（1）标准集装箱运价。

重箱运价按照不同规格箱型的基本运价执行，空箱运价在标准集装箱重箱运价的基础上减成计算。

（2）非标准集装箱运价。

重箱运价按照不同规格的箱型，在标准集装箱基本运价的基础上加成计算，空箱运价在非标准集装箱重箱运价的基础上减成计算。

（3）特种箱运价。

在箱型基本运价的基础上按装载不同特种货物的加成幅度加成计算。

9. 出入境汽车货物运价

按双边或多边出入境汽车运输协定，由两国或多国政府主管机关协商确定。

（三）公路货物运费的计价标准

1. 计费重量（箱数）

（1）计量单位。

①整批货物运输以吨为单位；

②零担货物运输以千克为单位；

③集装箱运输以箱为单位。

（2）计费重量（箱数）的确定。

①一般货物。

整批、零担货物的计费重量均按毛重（含货物包装、衬垫及运输需要的附属物品）计算。货物计费重量一般以起运地过磅重量为准。起运地不能或不便过磅的货物，由承、托双方协商确定计费重量。

②轻泡货物。

整批轻泡货物的计费重量按车辆标记吨位计算。零担运输轻泡货物以货物包装最长、最宽、最高部位尺寸计算体积，按每立方米折合 333kg 计算其计费重量。

③包车运输的货物。

按车辆的标记吨位计算其计费重量。

④散装货物。

如砖、瓦、砂、石、土、矿石、木材等，按体积由各省、自治区、直辖市统一规定的重量换算标准计算其计费重量。

⑤托运人自理装车的货物。

按车辆额定吨位计算其计费重量。

⑥统一规格的成包成件货物。

根据某一标准件的重量计算全部货物的计费重量。

⑦接运其他运输方式的货物。

无过磅条件的，按前程运输方式运单上记载的重量计算。

⑧拼装分卸的货物。

按最重装载量计算。

2. 计费里程

（1）计费里程的单位。

公路货物运输计费里程以公里为单位，尾数不足 1km 的，进整为 1km。

（2）计费里程的确定。

①货物运输的计费里程，按装货地点至卸货地点的实际载货的营运里程计算；营运里程以省、自治区、直辖市交通行政主管部门核定的营运里程为准，未经核定的里程，由承、托双方商定。

②同一运输区间有两条（含两条）以上营运路线可供行驶时，应按最短的路线计算计费里程或按承、托双方商定的路线计算计费里程。

③拼装分卸的货物，其计费里程为从第一装货地点起至最后一个卸货地点止的载重里程。

④出入境汽车货物运输的境内计费里程以交通主管部门核定的里程为准；境外里程按毗邻国（地区）交通主管部门或有权认定部门核定的里程为准。未核定里程的，由承、托双方协商或按车辆实际运行里程计算。

⑤因自然灾害造成道路中断，车辆需绕道而驶的，按实际行驶里程计算。

⑥城市市区里程按当地交通主管部门确定的市区平均营运里程计算；当地交通主管部门未确定的，由承、托双方协商确定。

3. 计时包车货运计费时间

（1）计时包车货运计费时间以小时为单位，起码计费时间为 4h；使用时间超过 4h，按实际包用时间计算。

（2）整日包车，每日按 8h 计算；使用时间超过 8h，按实际使用时间计算。

（3）时间尾数不足半小时的舍去，达到半小时的进整为 1h。

4. 运价的单位

各种公路货物运输的运价单位分别为：

（1）整批运输：元/（吨·千米）；

（2）零担运输：元/（千克·千米）；

（3）集装箱运输：元/（箱·千米）；

（4）包车运输：元/（吨位·小时）；

（5）出入境运输，涉及其他货币时，在无法按统一汇率折算的情况下，可使用其他自由货币为运价单位。

（四）公路货物运输的其他费用

（1）调车费。

应托运人要求，车辆调出所在地而产生的车辆往返空驶，应计收调车费。

（2）延滞费。

车辆按约定时间到达约定的装货或卸货地点，因托运人或收货人责任造成车辆和装卸延滞，应计收延滞费。

（3）装货（箱）落空损失费。

应托运人要求，车辆开至约定地点装货（箱）落空造成的往返空驶里程，按其运价的 50% 计收装货（箱）落空损失费。

（4）排障费。

运输大型特型笨重物件时，因对运输路线的桥涵、道路及其他设施进行必要的加固或改造所发生的费用，称为排障费。排障费由托运人负担。

（5）车辆处置费。

应托运人要求，运输特种货物、非标准箱等需要对车辆改装、拆卸和清理所发生的工料费用，称为车辆处置费。车辆处置费由托运人负担。

（6）检验费。

在运输过程中国家有关检验检疫部门对车辆的检验费以及因检验造成的车辆停运损失，由托运人负担。

（7）装卸费。

由托运人负担。

（8）通行费。

货物运输需支付的过渡、过路、过桥、过隧道等通行费由托运人负担，承运人代收代付。

（9）保管费。

货物运达后，明确由收货人自取的，从承运人向收货人发出提货通知书的次日（以邮戳或电话记录为准）起计，第 4 天开始核收货物保管费；应托运人的要求或托运人的责任造成的需要保管的货物，计收货物保管费。货物保管费由托运人负担。

（10）道路阻塞停车费。

汽车货物运输过程中，如发生自然灾害等不可抗力造成的道路阻滞，无法完成全程运输，需要就近卸存、接运时，卸存、接运费用由托运人负担。

（11）运输变更手续费。

托运人要求取消或变更货物托运手续，应收变更手续费。

（五）公路货物运费的结算

结算公路货物运费时，应遵守如下规定：

第一，货物运费在货物托运、起运时一次结清，也可按合同采用预付费用的方式，随运随结或运后结清。托运人或者收货人不支付运费、保管费以及其他运输费用的，承运人对相应的运输货物享有留置权，但当事人另有约定的除外。

第二，运费尾数以元为单位，不足 1 元时四舍五入。

第三，货物在运输过程中因不可抗力灭失，未收取运费的，承运人不得要求托运人支付运费；已收取运费的，托运人可以要求返还。无过磅条件的，按前程运输方式运单上记载的重量计算。

三、国际公路货物运输业务流程及运输合同

（一）国际公路货物运输业务流程

1. 受理托运

发货人在托运货物时，应该按照承运人的要求填写货物托运单，以此作为货物托运的书面申请。在承运人接到托运单之后，认真审核检查各项内容，确认无误，在运单上进行签章，即表示接受承运。

2. 订立运输合同

在承运人未将货物交付收货人之前，托运人可以要求承运人中止运输、返还货物、变更到达地或者将货物交付给其他收货人，但应当赔偿承运人因此而遭受的损失。发生以下情况时，可以变更或解除运输合同：

（1）由于不可抗力使运输合同无法履行的。

（2）由于合同当事人一方的原因，在合同约定的期限内确实无法履行运输合同的。

（3）合同当事人违约，使合同的履行成为不可能或不必要的。

（4）经合同当事人双方协商同意解除或变更运输合同的。但承运人提出解除运输合同的，应退还已收的运费。

3. 结算费用

结算货物公路运输费用，需考虑货物的等级、计费重量及方式等，按相关要求进行计算。首先确定所运货物的等级和计费重量；然后检查并核对货物适用的计费率，并计算计费里程，核算其他装卸费、过渡费、保管费、手续费等杂费。如果按照吨公里运价进行核算，则计算公式如下：

$$运费 = 货物计费重量 × 计费里程 × 运价率 × （1+加成率）$$

4. 交接货物

完成货物运输过程后，需进行货物的交接，在交接过程中，承运方应注意以下两个方面的问题：

其一，车辆到达发货地点，发货人交付货物时，驾驶员应负责点数、监装货物。对于货物破损、异状的，提出更换或重新整理要求，发货人如进行更换或重新整理，在发货票上进行注明，并在承运货物签收单上签字。承运货物时，发货人开具的发货票要与实物相符，不符时要立即给予纠正，同时要有随车转移的单据、文件。如果是发货人提供自备集装箱，并且在驾驶员不在的情况下装好货，驾驶员有权要求发货人重新监督装箱。若是集装箱装运中转与单证相符以及箱内货物是否缺失、损坏则与驾驶员无关，货物的交接以集装箱的标志是否完好为准。

其二，货物抵达目的地时，驾驶员应向收货人交清货物，如发现货物短缺、丢失、损坏等情况，驾驶员应会同收货人和有关部门认真审核，并给出原始记录，分别由驾驶员或装卸人员开具证明文件。由收货人开具作业证明，或以发货票代替。收货人应在承运货物签收单上签字，并加盖收货单位的公章。

（二）国际公路货物运输合同

国际公路货物运输合同指合同中规定的接管和交付货物的地点位于不同国家，承运人

125

以营运车辆进行货物运输，托运人支付运费并明确合同双方当事人权利、义务关系的合同。其中，营运车辆是指用于国际货物运输公路营运的机动车、拖挂车、拖车和半拖车等公路交通货运工具。国际公路货运合同的当事人是托运人（又称发货人）和承运人。承运人的代理人、受雇人或其他受雇为履行运输合同服务的人员，在承运人授权范围或雇佣范围内的行为（或不为），视同承运人本人的行为，由承运人承担所产生的一切权利和义务。代托运人与承运人订立国际公路货运合同，须有托运人的授权委托证明，在托运人授权范围内所为的一切行为，直接由托运人承担其权利与义务。

1. 国际公路货运合同包括以下主要条款：

（1）运单的签发日期和地点；

（2）托运人的名称和地址；

（3）承运人的名称和地址；

（4）货物接管地点、日期以及指定的交货地点；

（5）收货人的名称和地址；

（6）货物品名和包装方法，如属危险货物，应说明其基本性质；

（7）货物件数、特征标志和号码；

（8）货物毛重或以其他方式表示的量化指标；

（9）与运输有关的费用（运费、附加费、关税和从签订合同到交货期间发生的其他费用）；

（10）办理海关手续和其他手续所必需的托运人的通知；

（11）是否允许转运的说明；

（12）托运人员负责支付的费用；

（13）货物价值；

（14）托运人关于货物保险给予承运人的指示；

（15）交付承运人的单据清单；

（16）运输起止期限；

（17）双方权利和义务；

（18）违约责任；

（19）仲裁庭选择条款及法律适用；

（20）合同文本及效力。

在国际公路货运业务中，常常把运单视为运输合同而不另行订立运输合同。

国际公路货运合同是双务合同，必须是合同双方当事人的意思表示一致，合同方可成立。合同应当是合法行为，应符合有关的国际规则，如《联合国海上货物运输公约》和有关国家的法律，不得破坏社会公共秩序，不得损害他人利益。

国际公路货运合同的条款直接或间接违背有关国际公约或有关国家的法律的，合同无效。特别是给予承运人的保险利益或其他类似的条款，或任何转嫁举证责任的条款，均属无效条款。但是该条款无效并不影响其他条款的效力。

2. 国际公路货运合同运单的签发及内容

（1）运单的签发。

运输合同应以签发运单来确认。无运单、运单不正规或丢失，不影响运输合同的成立或有效性。运单应签发有托运人（发货人）和承运人签字的三份正本，这些签字可以是印刷的，如运单签发国的法律允许，可由托运人（发货人）和承运人以盖章代替。第一份应交托运人（发货人），第二份应交付跟随货物，第三份应由承运人留存。当待装货物在不同车内或装有不同种类货物或数票货物，托运人（发货人）或承运人有权要求对使用的每辆车、每种货或每票货分别签发运单。

（2）运单的内容。

运单的内容包括：托运人（发货人）名称和地址；承运人名称和地址；收货人名称和地址；运单签发日期和地点；货运接管的地点及日期和指定的交付地点；一般常用的货物品名和包装方法，如属危险货物，说明通常认可的性能；件数及其特殊标志和号码；货物毛重或以其他方式表示的数量；与运输有关的费用（运输费用、附加费用、关税和从签订合同到交货期间发生的其他费用）；办理海关和其他手续所必需的通知；不允许转运的说明；不管有任何相反条款，该运输必须遵照有关国际公约各项规定的说明；托运人（发货人）负责支付的费用；"现款交货"费用的金额；货物价值和交货优惠利息金额的声明；托运人（发货人）关于货物保险所给予承运人的指示；交付承运人的单据清单；议定的履行运输的时效期限。

3. 国际公路货运合同双方当事人的权利和义务

（1）填写运单的义务和责任。

托运人（发货人）应对由于下列事项不确切或不当致使承运人遭受的损失负责：

①托运人（发货人）名称和地址；

②货物接管的地点及日期和指定交付地点；

③收货人名称和地址；

④货物品名、包装方法及危险货物性能；

⑤货物件数及其特殊标志和号码；

⑥货物毛重或以其他方式表示的数量；

⑦办理海关和其他手续所必需的通知；

⑧不允许转运的说明；

⑨托运人（发货人）负责支付的费用；

⑩"现款交货"费用的金额；

⑪货物价值和交货优惠利息金额的声明；

⑫托运人（发货人）关于货物保险给予承运人的指示；

⑬议定的履行运输的时效期限；

⑭付承运人的单据清单；

⑮托运人（发货人）为使运单签发或目的在于将其列入运单，而给予的任何其他事项或指示。

如果承运人应托运人（发货人）要求，将上述事项列入运单，除非有相反证明，则应认为承运人对此认可，接受其条件。如果运单未包含无条件遵守有关国际公约规定的说明，承运人应对由于有权处置货物者的不作为所遭受的一切损失负责。

（2）接管货物。

承运人接管货物时，应核对运单中对件数及其标志和号码申报的准确性，核对货物的外表状况及其包装。

当承运人对运单中货物件数、标志和号码的准确性无合理的核对方法时，应将保留条件连同其理由记入运单。同样，应对货物外表状况及其包装所作出的保留说明理由。但是，除非托运人（发货人）在运单上明确同意受此种保留所制约，否则，此种保留对托运人（发货人）不应有约束力。

托运人（发货人）应有权要求承运人核对货物的毛重或以其他方式表示的数量，也可要求对货物的内容进行核对。承运人有权对此种核对产生的费用提出索赔。核对结果应记入运单中。

运单应是运输合同成立、合同条件和承运人收到货物的初步证据。

如运单中未包含承运人的特殊保留条件，除非有相反证明，则应认为当承运人接管货物时货物和包装外表状况良好，件数、标志和号码与在运单中的说明相符。除非承运人接管货物时其包装明显不良或承运人知道其缺陷却未对此作出保留，否则由于货物包装不良造成的人员、设备或其他方面的损失不予负责。承运人仅对造成的货物灭失、损坏或延迟等负责。

（3）办理海关及其他手续。

为在交付货物前办妥海关或其他手续，托运人（发货人）应在运单后随附必需单证或将其交承运人支配和提供承运人所需全部情况。承运人无责任调查这些单证和情况是否明确或适当。除非由于承运人的错误行为或过失，对由于这些单证和情况的短缺或不正规所引起的损坏，托运人（发货人）应向承运人负责。承运人对运单所规定的跟随运单或交存承运人的单证应妥善保管和正确使用。由于前述单证的灭失或不正确的使用所引起的后果，承运人应负赔偿责任，但承运人所支付的赔偿不超过货物灭失所应支付的赔偿额度。

（4）货物交付与处置。

货物到达指定的交货地点后，收货人有权凭收据要求承运人将第二份运单和货物交给他。如果货物灭失已成立或在延迟交付的情况下，收货人对承运人有权以其个人名义享受运输合同产生的任何权利，同时，应支付运单中所应支付的费用。如对支付此项费用有争议，除非收货人已担保，否则不应要求承运人交付货物。

如果由于某种原因或者根据运单规定的条件，在货物到达指定交货地点前执行合同已经成为不可能，承运人应按规定从有权处置货物者处取得指示。但是，如果情况允许按不同于运单规定的条件进行运输和如果承运人不能根据规定在合理时间内从有权处置货物者处取得指示，承运人应采取其认为对有权处置货物者最有利的措施。

如果货物到达指定交付地点后的情况妨碍货物交付，承运人应要求托运人（发货人）给予指示。如果收货人拒绝接货，托运人（发货人）应有权处置货物而无需出示第一份运单。即使收货人已拒绝接货，但只要承运人未从托运人（发货人）处收到相反的指示，收货人仍可要求交货。

当发生收货人行使运单中托运人授予的货物处置权而指示将货物交付另一人后发生交货受阻的情况，承运人应要求原收货人给予指示。如果新收货人拒绝接货，原收货人应处置货物。即使新收货人已拒绝接货，只要承运人未从原收货人处收到相反指示，新收货人仍可要求交货。此种情况下，原收货人相当于发货人的地位，新收货人为收货人。

承运人向有权处置货物者取得指示或执行变更交货的指示，有权享受偿还因取得或执行该项指示而发生的费用的权利，除非要求得到指示和执行该项指示而发生的费用是由于承运人的错误行为或疏忽所引起的。

承运人在成为有权处置货物者的情况下，可立即卸货，自此以后运输视作终结。

然后，承运人应代表有权处置货物者管理货物，但承运人也可将货物委托给第三方掌管，此时，承运人除了履行合理谨慎地选择第三方的责任外，不负任何其他责任。在运单中应付的费用和所有其他费用应以货物担保。

如果货物易腐或货物的状况证明如此，或当承租费超过货物的价值，承运人可出售货物而无需等待有权处置货物者的指示。在其他情况下，如果在合同期限届满后，承运人未从有权处置货物者处收到要求他不得合理处置的指示，他也可以将货物进行出售。

如货物已按上述条件被出售，在出售的货款中扣除由货方承担之费用后的余额应归有权处置货物者所支配。如果这些费用超过货款，承运人应有享受其差额的权利。

出售货物的手续由货物所在地的法律或习惯来确定。

四、公路货运相关单证

（一）运输单证的概念

公路货运单是公路货物运输及运输代理的合同凭证，是运输经营者接收货物并在运输期间负责保管和据以交付的凭据，也是记录车辆运行和行业统计的原始凭证。

就公路运输而言，一般应该使用买方的货物收据作为议付单据。在信用证项下，应该以信用证的条款为准。公路运输主要单据还包括公路、内河货物运输业统一发票（2006）的票据。承、托运人要按道路货物运单内容逐项如实填写，不得简化、涂改。承运人或运输代理人接收货物后应签发道路货物运单，道路货物运单经承、托双方签章后有效。

（二）运输单据的种类及用途

公路货物运单按货物类型及运输方式分为四种：

1. 适用于普通货物、大件货物、危险货物等货物运输和运输代理业务

此种货物运单一式四联：第一联存根联，作为领购新运单和行业统计的凭证；第二联托运人存查联，交托运人存查并作为运输合同当事人一方保存；第三联承运人存查联，交承运人存查并作为运输合同当事人另一方保存；第四联随货同行联，作为载货通告和核算运杂费的凭证，货物运达、经收货人签收后，作为交付货物的依据。

2. 适用于集装箱汽车运输

此种货物运单与第一类一样，也是一式四联：第一联存根联，作为领购新运单和行业统计的凭证；第二联托运人存查联，交托运人存查并作为运输合同当事人一方保存；第三联承运人存查联，交承运人存查并作为运输合同当事人另一方保存；第四联随货同行联，作为载货通告和核算运杂费的凭证，货物运达、经收货人签收后，作为交付货物的依据。

3. 适用于零担货物运输

此种货物运单一式五联：第一联存根联，作为领购新运单和行业统计的凭证；第二联

托运人存查联，交托运人存查并作为运输合同当事人一方保存；第三联提货联，由托运人邮寄给收货人，凭此联提货，也可由托运人委托运输代理人通知收货人或直接送货上门，收货人在提货联收货人签章处签字盖章，收、提货后由到达站收回；第四联运输代理人存查联，交代理人存查并作为运输合同当事人另一方保存；第五联随货同行联，作为载货通告和核算运杂费用的凭证，货物运达、经货运站签收后，作为交付货物的依据。

此货物运单与汽车零担货物交接清单配套使用。承运人接收零担货物后，按零担货物到站次序，分别向运输代理人签发货物运单。已签订年、季、月度或批量运输合同的，必须在运单"托运人签章或运输合同编号"栏注明合同编号，托运人委托发货人签章。批次运输任务完成或运输合同履行后，凭运单核算运杂费，或将随货同行联（第五联）汇总后转填到合同中，由托运人审核签字后核算运杂费。公路货物运输和运输代理经营者凭运单开具运杂费收据。运输危险货物必须使用在运单左上角套印道路危险货物运输专用章的道路货物运单，才准许运行。

4.《国际公路货物运输合同公约》运单

《国际公路货物运输合同公约》（CMR）运单一式三联。第一联存根联，由发货人持有以备查；第二联随货同行联，作为载货通告和核算运杂费用的凭证，货物运达、经货运站签收后，作为交付货物的依据；第三联承运人存查联，交承运人存查并作为运输合同当事人另一方保存。CMR运单不是议付或可转让的单据，也不是所有权凭证。CMR运单必须记载下列事项：运单签发日期或地点，发货人、承运人、收货人的名称和地址，货物交接地点、日期，一般常用货物品名和包装方法，货物重量、运费，海关报关须知等。

【项目小结】

本项目从两个方面介绍了国际陆上货运代理方面的知识：首先介绍了国际铁路运输的基本知识，国际铁路货物联运的基本概念、特点和类型，并重点讲解了国际铁路货物联运的业务流程、相关运费的核算以及相关联运单证的缮制；其次介绍了国际公路货物运输的基本概念、特点和类型，并重点介绍了国际公路货物运输的业务流程、相关运费的核算以及相关单证的缮制。

【思考与练习】

一、单项选择题

1. 国际铁路货物联运的费用是按（　　）计算。
   A.《统一货价》
   B. 我国《铁路货物运价规则》和《统一货价》
   C. 我国境内按《铁路货物运价规则》，境外按当地国家铁路运费
   D.《国际贸易术语解释通则（2010）》

2. 国际铁路联运凭运单副本第（　　）向银行办理结汇或结算。
   A. 一联　　　　B. 二联　　　　C. 三联　　　　D. 四联

3. 铁路货物的运到逾期，是指货物的（　　）超过规定的运到期限。
   A. 实际运到天数　　　　　　B. 实际运行时间折合成天数

    C. 实际运行里程/250   D. 货物装车日至卸车日的日期

4. 国际货物协运单正本中哪一张是给发货人的？（　　　）

    A. 第一张——运单正本   B. 第二张——运行报单

    C. 第三张——运单副本   D. 第四张——货物交付单

5. 在短距离的运输中，哪种运输方式具有灵活、快捷、方便的绝对优势？（　　　）

    A. 公路运输   B. 水路运输   C. 铁路运输   D. 航空运输

6. 下列情况中承运人可不负赔偿责任的是（　　　）。

    A. 不可抗力   B. 货物灭失   C. 货物短少   D. 货物变质

二、多项选择题

1. 下列关于国际铁路货物联运的表述，正确的是（　　　）。

    A. 在由一国铁路向另一国铁路移交货物时需要发货人与收货人参与

    B. 由铁路部门负责从托运人交货到向收货人交货的全过程运输

    C. 经过两个或两个以上国家的铁路

    D. 在整个联运过程中使用一份国际联运运单

2. 国际铁路联运的办理种类包括（　　　）。

    A. 整车运输   B. 零担运输   C. 散货运输   D. 大吨位集装箱运输

3. 铁路对（　　　）造成的货物损失免除责任。

    A. 由于铁路不能预防和不能消除的情况而造成的后果。

    B. 由于货物在发站承运时质量不符合要求或由于货物的特殊自然性质，以致引起自燃、损坏、生锈、内部腐坏和类似的后果。

    C. 由于发货人或收货人装车或卸车的原因而造成的后果。

    D. 由于发送路规章允许使用敞车类货车运送货物而造成的后果。

4. 公路运输的局限性有（　　　）。

    A. 载重量小   B. 不适宜走长途运输

    C. 易造成货损、货差事故   D. 灵活方便

5. 危险货物托运时，托运单上要填写危险货物品名、包装方法、（　　　）、收发货人详细地址及运输过程中注意事项。

    A. 规格   B. 件重   C. 件数   D. 起运日期

三、简答题

1. 某货主有一批货物要通过国际铁路联运从天津运到平壤。请问：

（1）国际铁路联运的运单一共有几联？名称分别是什么？

（2）运单是如何流转的？

2. 保加利亚瓦尔纳港口站于 2000 年 9 月 10 日以慢运整车承运一批 30 吨重的机器，经由鲁塞东/翁格尔、后贝加尔/满洲里，2000 年 11 月 18 日到达北京东。已知逾期铁路所收运费为 10000 瑞士法郎。请问：

（1）该批货物是否运到逾期？

（2）如果逾期，铁路应向收货人支付多少逾期罚款？

3. 根据我国公路运输相关规定，哪些原因造成的货物灭失损坏，承运人不负责赔偿？

项目六　国际多式联运

☞学习目标

教学目的：掌握国际多式联运的定义和特征；掌握国际多式联运的运输组织形式；熟悉国际多式联运业务以及陆桥运输的基本形式。

教学重难点：国际多式联运业务；国际多式联运运费计算方法。

教学课时：12 学时

【导入案例】

2002 年 7 月 19 日，原告某烟花厂与 A 公司签订烟花销售合同，约定：原告将货号烟花 1858 箱售与 A 公司，每箱单价 25.6 美元，总价格 FOB 北海 47564.8 美元；2002 年 9 月交货，允许分批装运；目的港汉堡，允许转船；由卖方投保一切险；付款方式为装船后电汇付款。A 公司向原告出具一份委托书，委托原告代 A 公司办理其从原告处所购烟花的运输、运费支付及保险事宜，由此而发生的有关运杂费及保险费由 A 公司负担。

9 月 10 日，原告与被告 B 分公司签订出口货物运输委托单，运输上述货物。委托单记载：托运人为原告，发货人 D 公司，通知人 A 公司，收货人凭指示，目的港汉堡；某清水江基地仓库装柜，运费从仓库装完集装箱即开始计算（包括陆运及海运）。

9 月 17 日，C 运输有限公司受 B 分公司委托，派汽车将已装入集装箱的烟花从原告某清水江基地仓库运至北海港装船。驾驶员范某驾驶的装载集装箱的平板车，在通过北海港铁路专用线时，被火车撞上，汽车及所装烟花燃烧报废。造成此事故的原因是：驾驶员通过铁路平交过道时，未遵守规定，抢越过道，且运输烟花易燃危险品通过铁路不按规定申报，由汽车驾驶员承担完全责任。

事故发生后，该烟花厂即与 B 分公司协商解决货损赔偿事宜。但 B 分公司辩称，原告与 A 公司销售合同约定的成交价为 FOB 北海，且出口货物委托单约定运费从仓库装完集装箱即开始计算，表明货物在仓库装完集装箱后已视为卖方向买方交付，原告已不拥有该批货物的所有权；托运人为 D 公司而非原告，原告无权索赔。实际装运货物并造成货损的是 C 运输有限公司及其雇员，被告仅是货运代理人，被告亦非承运人，不应承担货损责任。故原被告均不是本案适合的资格主体。烟花系危险品，托运人在托运时未予声明，即便被告为承运人，亦应依法免除赔偿责任。该烟花厂遂诉至法院。

讨论：被告 B 分公司是不是多式联运经营人？原告是否有权索赔？

132

任务一　国际多式联运概述

在国际贸易业务中，货物从一国境内接管货物的地点运到另一国境内交付货物的地点，一般很可能要采用多种不同的运输方式。在多式联运出现之前，这一过程中的不同运输区段是由多个承运人采用接力的发段完成的。货方需要与各个承运人分别订立运输合同，而各区段承运人仅仅需要负责各自承运区段的货运组织工作，货方需要在货物准备、运输等问题上花费大量精力和财力。如果货方通过支付佣金委托代理人来完成工作，也会不可避免地产生费时费力的问题，甚至会经常产生纠纷与赔偿。而且，在国际多式联运业务中，多式联运经营人全程负责传统的散件杂货的风险非常巨大，货物也很容易造成损坏和灭失。所以，在集装箱问世之前，要开展国际多式联运几乎是不可能完成的任务。但是，随着科学技术的发展，集装化水平、机械化水平、信息化水平等都大大得到了提高，在这样的世界经济环境和技术条件下，国际多式联运产生和发展起来了。

一、国际多式联运的基本概念及条件

（一）国际多式联运的基本概念

国际多式联运是一种以实现货物整体运输的最优化效益为目标的运输组织形式。它通常是以集装箱为运输单元，将不同的运输方式有机地组合在一起构成连续的、综合性的一体化货物运输。通过一次托运、一次计费、一份单证、一次保险，由各运输区段的承运人共同完成货物的全程运输，即将货物的全程运输作为一个完整的单一运输过程来安排。

（二）国际多式联运的基本条件

其一，必须具有一份多式联运合同。国际多式联运中，由多式联运经营人与托运人订立多式联运合同。该合同的成立须具备以下条件：至少使用两种以上不同的运输方式；承担国际货物运输；接受货物运输，对合同中的货物负有运输、保管之责任；属于一种承揽、有偿的合同。

其二，必须使用一份全程多式联运单证。

其三，必须是至少两种不同运输方式的连续运输。包括铁路、公路、航空、海运等任何两种或两种以上运输方式的联合运输在内。

其四，必须是国际间的货物运输。这是区别于国内货物运输的条件之一，主要涉及国际运输法规的适用问题。

其五，必须由一个多式联运经营人对货物运输的全程负责。

二、国际多式联运的特征

多式联运经营人与托运人签订一份运输合同，统一组织全程运输，实行运输全程一次托运、一单到底、一次收费、统一理赔和全程负责。国际多式联运主要有以下主要特征：

1. 签订一份全程多式联运合同

在国际多式联运中，无论货物使用几种不同的交通方式运输，全程多式联运经营人都要与发货人签订一份全程多联式合同。多式联运合同用来确定多式联运经营人与发货人之

项目六 国际多式联运

间权利、义务、责任、豁免的合同关系和运输性质，是整个多式联运的约束。

2. 多式联运经营人对货物运输全程负责

在国际多式联运中，国际多式联运经营人负责办理货物运输的所有事项。货主与多式联运经营人签订多式联运合同后，多式联运经营人对运输全程负责。货物在运输途中若发生灭失、损坏、延期，货主均可向多式联运经营人索赔。

3. 多式联运经营人签发一份多式联运单证

多式联运单证是证明多式联运经营人接管货物和负责按合同条款支付货物的凭证，满足不同运输方式的需求，一次付费，计收全程运费。

4. 必须是国际间货物运输

有别于国内货物运输，国际多式联运主要会涉及国际运输法规的适用问题。

5. 采用两种或两种以上运输工具的连续运输

海海、陆陆、空空运输只用到一种运输工具，国际多式联运与它们有本质区别。

6. 全程计收单一费率

多式联运经营人以包干形式一次性向货主计收全程单一费率。

三、国际多式联运的分类

国际多式联运的方式包括海陆联运、陆桥运输和海空联运。

（一）海陆联运

海陆联运是国际多式联运的主要组织形式，也是远东/欧洲方向国际多式联运采用的主要组织形式之一。这种组织形式以航运公司为主体，签发联运提单，与航线两端的内陆运输部门开展联运业务，与陆桥运输展开竞争。

（二）陆桥运输

在国际多式联运中，陆桥运输起着非常重要的作用。它是远东/欧洲国际多式联运的主要形式。陆桥运输是指采用集装箱专用列车或卡车，把横贯大陆的铁路或公路作为中间"桥梁"，使大陆两端的集装箱海运航线与专用列车或卡车连接起来的一种连续运输方式。

严格来讲，陆桥运输也是一种海陆联运形式，只是因为其在国际多式联运中的独特地位，故将其单独作为一种运输组织形式。目前，远东/欧洲的陆桥运输线路有西伯利亚大陆桥和北美大陆桥。北美地区的陆桥运输不仅包括上述大陆桥运输，而且包括小陆桥运输和微桥运输等运输组织形式。

小陆桥运输从运输组织方式上看与大陆桥运输并无大的区别，只是其运送的货物的目的地为沿海港口。目前，北美小陆桥运送的主要是日本经北美太平洋沿岸到大西洋沿岸和墨西哥湾地区港口的集装箱货物。当然也承运从欧洲到美西及海湾地区各港的大西洋航线的转运货物。北美小陆桥在缩短运输距离、节省运输时间上效果是显著的。

微桥运输与小陆桥运输基本相似，只是其交货地点在内陆地区。进出美、加内陆城市的货物采用微桥运输既可节省运输时间，也可避免双重港口收费，从而节省费用。例如，往来于日本和美东内陆城市匹兹堡的集装箱货，可从日本海运至美国西海岸港口，如奥克兰，然后通过铁路直接联运至匹兹堡，这样可完全避免进入美东的费城港，从而节省了在该港的港口费支出。

（三）海空联运

海空联运始于20世纪60年代，在20世纪80年代得到了较快发展，是将货物在航空港换入集装箱，最终交货运输区段由空运完成。海空联运的运输时间少于全程海运，运输费用低于全程空运。

海空联运又被称为空桥运输（Air-bridge Service）。在运输组织方式上，空桥运输与陆桥运输有所不同，陆桥运输在整个货运过程中使用的是同一个集装箱，不用换装，而空桥运输的货物通常要在航空港换入航空集装箱。

这种联运组织形式是以海运为主，只是最终交货运输区段由空运承担。目前，国际海空联运线主要有：

（1）远东—欧洲。远东与欧洲间的航线有以温哥华、西雅图、洛杉矶为中转地，也有以香港、曼谷、海参崴为中转地，还有以旧金山、新加坡为中转地。

（2）远东—中南美。近年来，远东至中南美的海空联运发展较快，因为此处港口和内陆运输不稳定，所以对海空运输的需求很大。该联运线以迈阿密、洛杉矶、温哥华为中转地。

（3）远东—中近东、非洲、澳洲。这是以香港、曼谷为中转地至中近东、非洲的运输服务。在特殊情况下，还有经马赛至非洲、经曼俗至印度、经香港至澳洲等联运线，但这些线路货运量较小。

四、国际多式联运的优越性

国际多式联运是一种比区段运输高级的运输组织形式，20世纪60年代末美国首先试办多式联运业务，受到货主的欢迎。随后，国际多式联运在北美、欧洲和远东地区开始采用；20世纪80年代，国际多式联运已逐步在发展中国家实行。目前，国际多式联运已成为一种新型的重要的国际集装箱运输方式，受到国际航运界的普遍重视。

国际多式联运是今后国际运输发展的方向，这是因为，开展国际集装箱多式联运具有许多优越性，主要表现在以下几个方面：

第一，它能简化托运、结算及理赔手续，节省人力、物力和有关费用。

在国际多式联运方式下，无论货物运输距离有多远，由几种运输方式共同完成，且不论运输途中货物经过多少次转换，所有一切运输事项均由多式联运经营人负责办理。而托运人只需办理一次托运，订立一份运输合同，一次支付费用，一次保险，从而省去托运人办理托运手续的许多不便。同时，由于多式联运采用一份货运单证，统一计费，因而也可简化制单和结算手续，节省人力和物力，此外，一旦运输过程中发生货损货差，由多式联运经营人对全程运输负责，从而也可简化理赔手续，减少理赔费用。

第二，它能缩短货物运输时间，减少库存，降低货损货差事故，提高货运质量。

在国际多式联运方式下，各个运输环节和各种运输工具之间配合密切，衔接紧凑，货物所到之处中转迅速及时，大大减少货物的在途停留时间，从而从根本上保证了货物安全、迅速、准确、及时地运抵目的地，因而也相应地降低了货物的库存量和库存成本。同时，多式联运是通过集装箱为运输单元进行直达运输，尽管货运途中需经多次转换，但由于使用专业机械装卸，且不涉及箱内货物，因而货损、货差事故大为减少，从而在很大程度上提高了货物的运输质量。

第三，它能降低运输成本，节省各种支出。

由于多式联运可实行门到门运输，因此对货主来说，在货物交由第一承运人以后即可取得货运单证，并据以结汇，从而使结汇时间提前。这不仅有利于加速货物占用资金的周转，而且可以减少利息的支出。此外，由于货物是在集装箱内进行运输的，因此从某种意义上来看，可相应地节省货物的包装、理货和保险等费用的支出。

第四，它能提高运输管理水平，实现运输合理化。

对于区段运输而言，由于各种运输方式的经营人各自为政、自成体系，因而其经营业务范围受到限制，货运量也相应有限。而一旦由不同的运经营人共同参与多式联运，经营的范围就可以大大扩展，同时可以最大限度地发挥其现有设备的作用，选择最佳运输线路组织合理化运输。

此外，从政府的角度来看，发展国际多式联运具有以下重要意义：有利于加强政府部门对整个货物运输链的监督与管理；保证本国在整个货物运输过程中获得较大的运费收入配比；有助于引进新的先进运输技术；减少外汇支出；改善本国基础设施的利用状况；通过国家的宏观调控与指导职能保证使用对环境破坏最小的运输方式，从而达到保护本国生态环境的目的。

任务二　国际多式联运运费计算

一、国际多式联运运费的基本结构及计收方式

(一) 国际多式联运运费的基本结构

国际多式联运运费由海运运费、堆场服务费、拼箱服务费、集散运输费、内陆运输费等构成。

1. 海运运费

海运运费基本上是按所运货物的运费吨所规定的费率计收。集装箱货物运费计收依据主要有两种：一种是班轮公司运价本，另一种是船公司运价本。

2. 堆场服务费

堆场服务费也叫码头服务费，包括在装船港堆场接收出口的整箱货以及堆存和搬运至装卸桥下的费用，卸船港从装卸桥下接收进口箱以及将箱子搬运至堆场和堆存的费用也一并包括在装卸港的有关费用内。堆场服务费一般分别向发货人、收货人收取。

3. 拼箱服务费

拼箱服务费，包括将空箱从堆场运至货运站，将装好货的实箱从货运站运至堆场（装船港），将实箱从堆场运至货运站（卸船港），理货，签发场站收据、装箱单，在货运站货物地正常搬运，装箱、拆箱、封箱、做标记，一定期限内的堆存，必要的分票与积

载，提供箱子内部货物的积载图等服务而收取的费用。

4. 集散运输费

集散运输又叫支线运输，是由内河、沿海的集散港至集装箱出口港之间的集装箱运输。一般情况下，集装箱在集散港装船后，即可签发集装箱联运提单，承运人为这一集散而收取的费用称集散运输费。

5. 内陆运输费

内陆运输费有两种情况：一种由承运人负责运输，另一种由货主自己负责运输。如由承运人负责内陆运输，其费用则根据承运人运价本中各有关提单条款的规定来确定。

（二）国际多式联运运费的计收方式

国际多式联运运费的计收方式分为三种，分别是单一运费制、分段运费制和混合运费制。

1. 单一运费制

单一运费制是指集装箱从托运到交付，所有运输区段均按照一个相同的运费率计算全程运费。在西伯利亚大陆桥运输中采用的就是这种计费方式。

2. 分段运费制

分段运费制是按照组成多式联运的各区段来分别计算海运、陆运、空运及港站等各项费用，合计为多式联运的全程运费后，由多式联运经营人向货主一次计收。多式联运经营人与各区段的实际承运人分别结算各运输区段的费用。目前大部分多式联运的全程运费均采用这种计费方式。

3. 混合运费制

混合运费制是从国内货物地点至到达国口岸采取单一费率，由多式联运经营人向发货人收取（预付运费），从到达国口岸到内陆目的地的费用按实际成本确定，另向收货人收取（到付运费）的混合计收方法。

二、国际多式联运运费的计收方法

（一）国际多式联运海上区段运费的计收方法

国际集装箱海运运费包括基本运费和附加费。

1. 基本运费

（1）拼箱货海运运费计算。

各班轮公司对集装箱拼箱货运费的计算所依据的是杂货运费的计算标准，即按所运货物的实际运费吨计费，尺码大的按尺码吨计算，重量大的按照重量吨计算。拼箱货海运运费计费还需要加收与集装箱有关的费用，如拼箱服务费、困难作业费等。

（2）整箱货海运运费计算。

整箱货的海运运价由基本费率和附加费构成。整箱货运费的计算，可分为按包箱费率、最高运费以及最低运费计收。

2. 附加费

集装箱海运附加费是海运运费的重要组成部分。集装箱运输有时需要加收各种附加费，主要加收的附加费包括：燃油附加费、港口附加费、港口拥堵附加费、转船附加费、超长附加费、超重附加费、直航附加费、选港附加费、变更卸货港附加费、绕航附加费、旺季附加费、超额责任附加费等。

（二）　国际多式联运公路区段运费的计收方法

在国际集装箱多式联运的内陆运输中，公路运输是最常见、最重要的一种运输方式。公路区段集装箱运杂费是多式联运经营人向公路区段承运人及有关货运站所支付的运杂费，包括车辆运行的运费，货物在起运、到达、中转时装卸、仓储、报关、搬运等作业费及业务费。集装箱公路运费包括基本包干费、代征代收费及其他附加费。

1. 基本运费

重箱基本运费＝重箱运价×计费箱数×计费里程＋箱次数×计费箱数

空箱基本运费＝空箱运价×计费箱数×计费里程＋箱次数×计费箱数

2. 代征代收费

代征代收费包括代各级政府按规定征收的车辆通行费等各类费用。

3. 其他附加费

其他附加费主要包括：车辆延滞费、查验拖车服务费、车辆装箱落空损失费、装卸机械计时包用费、装卸机械走行费、装卸机械延滞费、人工费等。

（三）　国际多式联运铁路区段运费的计收方法

1. 铁路区段运费计算原则

发运国和到达国铁路的运费，均按铁路所在国家的国内规章办理。过境国铁路运费，均按承运当日统一货价规定，由发货人或收货人支付。如在参加国际货协的国家与未参加国际货协的国家之间运送货物，则有关未参加国际货协的国家铁路的运费，可按其所参加的另一种联运协定计算。

我国出口的联运货物，一般均规定在卖方车辆上交货，因此我方仅负责至出口国境站一段的铁路运费。但联运进口货物，则要负担过境运送费和我国铁路段的费用。

2. 铁路区段运费计价种类

铁路货物运输计费分为整车货、零担货、集装箱货三种。

3. 过境运费的计算

过境运费按《国际货协统一过境运价规程》中的相关规定计算。

基本运费额＝货物运费率×计费重量

（四）　国际多式联运空运区段运费的计收方法

货物的航空运价是指将一票货物自始发地机场运输到目的地机场所应收取的航空运输费用。

其计算方法有两种：一种是常规运价计费法，一种是新型运价计费法。常规运价计费法是以航线运距和货物体积为基础，对两个机场城市间的航线制订出经营航班的运价，并需提交国际航空协会（IATA）和有关政府，通过协议和经政府批准后才开始生效；新型运价计算法可分为货舱单位运价、协议运价和时令运价等。

任务三　国际多式联运流程及合同

一、国际多式联运流程

多式联运经营人是全程运输的组织者。在国际多式联运中，其主要业务及程序有以下几个环节：

（一）接受托运申请，订立多式联运合同

多式联运经营人根据货主提出的托运申请和自己的运输线路等情况，判决是否接受该托运申请，发货人或其代理人双方就货物的交接方式、时间、地点、付费方式等达成协议并填写场站收据，并把其送至多式联运经营人处进行编号，多式联运经营人编号后留下货物托运联，将其他联交还给发货人或其代理人。

（二）空箱的发放、提取及运送

多式联运中使用的集装箱一般由多式联运经营人提供，这些集装箱的来源一般有三种：一是多式联运经营人自己购置使用的集装箱，二是向借箱公司租用的集装箱，三是由全程运输中的某一分运人提供。如果双方协议由发货人自行装箱，则多式联运经营人应签发提箱单，或租箱公司、或分运人签发提箱单交给发货人或其代理人，由他们在规定日期到指定的堆场提箱并自行将空箱拖运到货物装箱地点，准备装货。

（三）出口报关

若多式联运人从港口开始，则在港口报关；若从内陆地区开始，则应在附近内陆地海关办理出口报关事宜。一般由发货人或其代理人办理，也可委托多式联运经营人代为办理，报关时应提供场站收据、装箱单、出口许可证等有关单据和文件。

（四）货物装箱及接收货物

若是发货人自行装箱，发货人或其代理人提取空箱后在自己的工厂和仓库组织装箱，装箱工作一般要在报关后进行，并请海关派员到装箱地点监装和办理加封事宜，如需理货，还应请理货人员现场理货并与其共同制作装箱单。

对于由货主自行装箱的整箱货物，发货人应负责将货物运至双方协议规定的地点，多式联运经营人或其代理在指定地点接收货物，如果是拼箱货，则由多式联运经营人在指定的货运站接收货物，验收货物后，代表多式联运经营人接收货物的人员应在场站收据正本上签章并将其交给发货人或其代理人。

（五）订舱及安排货物运送

多式联运经营人在合同订立后，应立即制订该合同涉及的集装箱货物运输计划，该计划应包括货物的运输路线、区段的划分、各区段实际承运人的选择及各区段衔接地点的到运、起运时间等内容。

订舱泛指多式联运经营人要按照运输计划安排确定各区段的运输工具，与选定的各实际承运人订立各区段的分运合同，这些合同的订立由多式联运经营人本人或委托的代理人办理，也可请前一区段的实际承运人向后一区段的实际承运人订舱。

货物运输计划的安排必须科学并留有余地，工作中应相互联系，根据实际情况调整计

划，避免彼此脱节。

（六）办理保险

在发货人方面，应投保货物运输保险，该保险由发货人自行办理，或由发货人承担费用而由多式联运经营人代为办理，货物运输保险可以是全程投保，也可以为分段投保，在多式联运经营人方面，应投保货物责任险和集装箱保险，由多式联运经营人或其代理人向保险公司或以其他形式办理。

（七）签发多式联运提单，组织完成货物的全程运输

多式联运经营人的代表收取货物后，多式联运经营人应向发货人签发多式联运提单，在把提单交给发货人之前，应注意按双方议定的付费方式及内容、数量向发货人收取全部应付费用。

多式联运经营人有完成和组织完成全程运输的责任和义务，在接收货物后，要组织各区段实际承运人、各派出机构及代表人共同协调工作，完成全程中各区段的运输及各区段之间的衔接工作，并做好运输过程中所涉及的各种服务性工作和运输单据、文件及有关信息等组织和协调工作。

（八）运输过程中的海关业务

按惯例，国际多式联运的全程运输均应视为国际货物运输，因此，该环节工作主要包括货物及集装箱进口国的通关手续、进口国内陆段保税运输手续及结关等内容，如果陆上运输要通过其他国家海关和内陆运输线路时，还应包括这些海关的通关及保税运输手续。

如果货物在目的地港交付，则结关应在港口所在地海关进行；如果在内陆地交货，则应在口岸办理保税运输手续，海关加封后方可运往内陆目的地，然后在内陆海关办理结关手续。

（九）货物交付

当货物运往目的地后，由目的地代理通知收货人提货，收货人需凭多式联运提货，多式联运经营人或其代理人需按合同规定，收取收货人应付的全部费用，收回提单，签发提货单，提货人凭提货单到指定堆场和地点提取货物。

如果是整箱提货，则收货人要负责至掏箱地点的运输，并在货物掏出后将集装箱运回指定的堆场，此时，运输合同终止。

（十）货运事故处理

如果合程运输中发生了货物灭失、损害和运输延误等事故，无论能否确定损害发生的区段，发（收）货人均可向多式联运经营人提出索赔，多式联运经营人根据提单条款及双方协议确定责任并做出赔偿，如能确定事故发生的区段和实际责任者，可向其进一步索赔；如不能确定事故发生的区段，一般按在海运段发生处理；如果已对货物及责任投保，则存在要求保险公司赔偿和向保险公司进一步追索的问题；如果受损人和责任人之间不能取得一致，则需要通过在诉讼时效内提出诉讼和仲裁来解决。

二、国际多式联运合同

（一）国际多式联运合同的定义

国际多式联运合同是指多式联运经营人凭以收取运费、负责完成或组织完成国际多式联运的合同。该合同由多式联运经营人与发货人协议订立。

（二）国际多式联运合同的特点

国际多式联运合同具有如下特点：

（1）多式联运合同是双务合同，合同双方均负有义务和享有权利；

（2）多式联运合同是有偿合同；

（3）多式联运合同是不要式合同，尽管可用多式联运提单证明，但提单不是运输合同，没有具体体现形式；

（4）多式联运合同有约束第三者的性质，收货人不参加合同订立，但可直接获得合同规定的利益并自动受合同约束；

（5）多式联运合同有时包括接受委托、提供服务等内容，这些内容由双方议定。

（三）国际多式联运合同的订立

国际多式联运合同是处于平等法律地位的国际多式联运经营人与发货人双方的民事法律行为，只有在双方意思表示一致时才能成立。国际多式联运合同与其他合同一样是双方的协议，其订立过程是双方协商的过程。

国际多式联运经营人为了揽取货物运输，要对自己的企业、经营范围（包括联运线路，交接货物地域范围，运价，双方责任、权利、义务）等做广告宣传，并用运价本、提单条款等形式公开说明。发货人或其代理人向经营多式联运的公司或其营业所或代理机构申请货物运输时，通常要提出货物（一般是集装箱货）运输申请（或填写订舱单），说明货物的品种、数量、起运地、目的地、运输期限要求等内容，多式联运经营人根据申请的内容，并结合自己的营运路线、所能使用的运输工具及其班期等情况，决定是否接受托运。如果认为可以接受，则在双方商定运费及支付形式，货物交接方式、形态、时间，集装箱提取地点、时间等情况后，由多式联运经营人在交给发货人（或代理）的场站收据的副本联上签章，以证明接受委托。这时多式联运合同即告成立，发货人与经营人的合同关系已确定并开始执行。

多式联运中使用的集装箱一般是由经营人提供的，在表示接受委托之后，经营人签发提单给发货人或其代理人以保证其在商定的时间、地点提取空箱使用。发货人或其代理按双方商定的内容及托运货物的实际情况填写场站收据，并在经营人编号、办理货物报关及货物装箱后，负责将重箱托运至双方商定的地点，将货物交给多式联运经营人或指定的代理人（堆场或货运站），取得正本场站收据后到经营人处换取多式联运提单。

多式联运提单是证明多式联运合同的运输单据，具有法律效力，同时也是经营人与发货人之间达成的协议（即合同）的条款和实体内容的证明，是双方基本义务、责任和权利的说明。提单填写的条款和内容是双方达成合同的内容（事先另有协议除外）。多式联运经营人签发提单是履行合同的一个环节，证明其已按合同接收货物并开始对货物负责。对于发货人来说，接受经营人签发的提单意味着已同意接受提单的内容与条款，即已同意以这些内容和条款说明的合同。

因此，发货人（或其代理人）在订立多式联运合同时，应认真了解多式联运经营人的提单条款（应是事先印制而且公开的），如有不能接受之处，应与经营人达成书面协议解决，否则将被认为是接受所有条款，接受其关于双方责任、权利和义务的说明。

任务四　国际多式联运相关单证

一、国际多式联运单据概述

（一）国际多式联运单据的概念

在国际多式联运方式下，多式联运经营人在接管货物时，应由本人或其代理人签发多式联运单据。在多式联运中，虽然一票货物由多种不同运输方式、多个实际区段承运人共同完成运输，但从接货地至交货地使用一张货运单据，即多式联运单据。

我国于 1997 年 10 月 1 日起施行的《国际集装箱多式联运管理规则》对多式联运单据所下的定义是：多式联运单据是指证明多式联运合同以及证明多式联运经营人接管货物并负责按合同条款交付货物的单据。从上述定义可知，多式联运单据与海运提单作用相似，它是多式联运合同的证明，是多式联运经营人收到货物的收据，是收货人据以提货的特权凭证。

（二）国际多式联运单据的类型

国际多式联运中使用的单证较多，根据其用途可以分为两大类：

1. 办理运输业务的单证

在进出口运输以及办理运输有关业务时需要一系列单证，主要有：多式联运提单、各区段的运单和提单、提箱单、设备交接单、装箱单、场站收据、交货记录等。下面就几项主要的单证进行阐述：

（1）设备交接单。

设备交接单是集装箱进出港区、场站时，用箱人、运箱人与管箱人或其代理人之间交接集装箱及设备的凭证，兼有管箱人发放集装箱凭证的作用，分进场和出场两种。

（2）装箱单。

装箱单是集装箱货物运输条件下，记载箱内所装货物详细情况的唯一单证，该单证由负责装箱的人填写并签字，如需理货时，由装箱人和理货员共同制作、签字，每箱一份。

（3）场站收据。

场站收据是多式联运经营人或其代理人签发的，证明已经收到托运货物并对货物开始负有责任的凭证，发货人可据此向多式联运经营人或代理人换取多式联运提单，场站收据是集装箱货物托运的主要单证。

（4）交货记录。

交货记录是承运人把箱、货交付给收货人，双方共同签署，以证明货物已经交付，承运人对货物责任已告终止的单证，交货记录是集装箱在目的地交付时的主要单证。

（5）多式联运提单。

多式联运提单是指证明多式联运合同及证明多式联运经营人接管货物并负责按合同条款交付货物的单据。它是发货人与多式联运经营人订立国际货物多式联运合同的证明，是多式联运经营人接管货物的证明和收据，是收货人提取货物和多式联运经营人交付货物的凭证，也是货物所有权的证明，可以用来结汇、流通和抵押等。

2. 申报使用的单证

在完成国际多式联运业务过程中，需向各口岸监管部门申报，办理相关手续，也需要相关单证，主要有：商业发票、进出口许可证、商检、卫生检疫证明、合同副本、信用证副本等。

（三）国际多式联运单据的内容

国际多式联运单据是发货人、多式联运经营人、收货人等当事人货物交接的凭证，多式联运单据的内容应准确、完整。主要内容包括：

（1）货物的名称、种类、件数、重量、尺寸、包装等；

（2）多式联运经营人的名称和主要经营场所；

（3）发货人、收货人的名称；

（4）多式联运经营人接管货物的地点、日期；

（5）多式联运经营人交付货物的地点和约定的时间或期限；

（6）表示多式联运为可转让或不可转让的声明；

（7）多式联运经营人或其授权人的签字；

（8）有关运费支付的说明；

（9）有关运输方式和运输线路的说明；

（10）在不违反多式联运单据签发国法律的前提下，双方同意列入的其他事项。

国际多式联运单据一般都列入上述内容，有的缺少其中一项或几项，只要所缺的内容不影响货物运输和当事人的利益，多式联运单据仍具有法律效力。

二、国际多式联运提单

（一）国际多式联运提单的类型

国际多式联运提单可分为可转让提单和不可转让提单两大类。可转让提单又可分为指示提单和不记名提单；不可转让提单也就是记名提单。

1. 指示提单

指示提单是指提单上"收货人"一栏内载明"凭某人指示"或"凭指示"字样的提单。前者称为"不记名提单"，承运人应按记名指示人的指示交换货物；后者称为"记名指示提单"，承运人按托运人的指示交换货物。

提单背面的主要内容有：法律诉讼条款；承运人责任条款；免责条款；有关改行、换装、改卸目的港、甲板货物、危险货物、冷藏货物、装货、卸货、交货、共同海损等条约；赔偿条款；运费条款；停滞权条款；等等。国际上规定的提单背面条款包括：《海牙规则》（最为重要）、《海牙维斯比规则》、《汉堡规则》。

指示提单背书交付后产生两个效力：对内，除非另有规定，背书人（提单出让人）背书交付提单的行为是转让提单所证明的运输合同项下的权利、义务的初步证据；对外，承运人此后只需且只能向提单受让人发行提单项下的合同义务并承担义务不履行的责任，包括货损赔偿责任，而不再向提单出让人履行义务或承担责任。

实务中常见的可转让提单是指示提单。指示提单必须经过背书转让，可以是空白背书，也可以是记名背书。指示提单可以分为两种类型：记名指示提单和空白抬头提单。

2. 不记名提单

不记名提单又称"来人抬头提单"，是指提单上的"收货人"一栏内不写明具体收货人的名称，只写明货交提单持有人，或不填写任何内容的提单。这种提单不需要任何背书手续，仅凭交付即可转让。谁持有提单，谁就可以提货，承运人交付货物只凭单，不凭人。

不记名提单无需背书即可转让，任何人持有提单便可要求承运人放货，但当提单丢失或被窃后，极易引起纠纷，故有些班轮公司规定，凡使用不记名提单，必须在给大副的提单副本中注明卸货港通知人的名称和地址。

3. 记名提单

记名提单是指在提单上的"收货人"一栏内具体填写某一特定的人或公司名称的提单。根据这种提单，承运人只能将货物交给提单上已指定的收货人。托运人原则上不得将已记名提单背书转让，但提单指定的收货人有时可通过办理类似财产转让手续进行转让。一些国家准许记名提单的收货人凭担保提货，从而使银行及托运人都失去安全收汇的保障。因此，银行一般不愿意接受这种提单。

记名单项下货物只能由提单上载明的收货人提取，失去了代表货物可转让流通的作用。如果承运人将货物交给提单指定以外的人，即使该人持有提单，承运人也应负责赔偿。

虽然记名提单不可以转让，依据我国的法律规定，承运人仍需凭正本提单才可将货物交付给收货人。而在美国，承运人只需将货物交付给收货人，无需凭单交付。因此，在中美贸易中，货方须注意法律的适用，以免货物被对方提走后，追不回货款。由于海运单的出现，记名提单已很少使用。

（二）国际多式联运提单的签发

国际多式联运经营人在收到货物后，凭发货人提交的收货收据（在集装箱运输时一般是场站收据正本）签发多式联运提单，根据发货人的要求，可签发可转让提单或不可转让提单中的任何一种，签发提单前应向发货人收取合同规定和应由其负责的全部费用。

多式联运经营人在签发多式联运提单时，应注意以下事项：

（1）如签发可转让多式联运提单，应在"收货人"一栏列明按指示交付或向持票人交付。如签发不可转让提单，应列明收货人的名称。

（2）提单上的通知人一般是在目的港或最终交货地点，由收货人指定代理人。

（3）对签发正本提单的数量一般没有规定，但如应发货人要求签发一份以上的正本时，在每份正本提单上应注明正本份数。

（4）如签发任何副本，每份副本均应注明"不可转让副本"字样，副本提单不具有提单的法律效力。

（5）签发一套一份以上的正本可转让提单时，各正本提单具有同样的法律效力，多式联运经营人或其代理人如已按其中的一份正本交货，便已履行交货责任，其他提单自动失效。

（6）多式联运提单应由多式联运经营人或其他授权人签字。如不违背所在国法律，签字可以是手签、手签笔迹的印、盖章、符号或用任何其他机械或电子仪器打出。

（7）如果多式联运经营人或其代表在接收货物时，对货物的实际情况和提单中所注明的货物的种类、标志、数量或重量、包件数等有怀疑，但又无适当方法进行核对、检查时，可以在提单中作出保留，注明不符之处和怀疑根据。但为了保证提单的清洁，也可按习惯做法处理。

（8）经发货人同意，可以用任何机械或其他方式保存《联合国国际货物多式联运公约》规定的多式联运提单应列明的事项，签发不可转让提单。在这种情况下多式联运经营人在接管货物后，应交给发货人一份可以阅读的单据，该单据应载有此种方式记录的所有事项。根据《联合国国际货物多式联运公约》规定，这份单据应视为多式联运单据，此项规定主要是为适应电子单证的使用而设置的。

多式联运提单一般在经营人收到货物后签发。由于联运的货物主要是集装箱货物，因而经营人接收货物的地点可能是集装箱码头或内陆堆场、集装箱货运站和发货人的工厂或仓库。由于接收货物地点不同，提单签发的时间、地点及联运经营人责任也有较大区别。在各处签发提单的日期，一般应是提单签发时的日期。如果应发货人要求填写其他日期（如实际的装运日期比提单的签发日期短，则称为"倒签提单"），多式联运经营人则要承担较大风险。

【项目小结】

本项目介绍了国际多式联运的基本知识，国际多式联运的基本概念、特征及分类，国际多式联运运费的基本结构，以及运费的计收方法，并重点介绍了国际多式联运的业务流程、合同以及相关联运单证的内容。

【思考与练习】

一、单项选择题

1. 国际多式联运是在（ ）基础上产生和发展起来的运输组织方式。

   A. 综合运输　　　　B. 集装箱运输　　　C. 联合运输　　　　D. 一体化运输

2. 以下哪一项不是国际多式联运所应具有的特点？（ ）

   A. 签订一份运输合同　　　　　　　B. 采用一种运输方式

   C. 采用一次托运　　　　　　　　　D. 至少涉及两个国家

3. 国际多式联运经营人是（ ）。

   A. 国际多式联运合同的当事人　　　B. 国际多式联运合同的委托人

   C. 国际多式联运合同的代理人　　　D. 国际多式联运合同的经纪人

4. 国际多式联运经营人对货物的责任期间是（ ）。

   A. 从装上运输工具开始，到卸下运输工具时终止

   B. 从接收货物开始，到交付货物时终止

   C. 从离开发货人仓库开始，到进入收货人仓库终止

   D. 从装上运输工具开始，到交付货物时终止

二、多项选择题

1. 衔接多式联运的全程运输组织者——多式联运经营人相对于第二、三程实际承运

人的身份是（　　）。

    A. 托运人　　　　　　B. 收货人　　　　　C. 代理人　　　　　D. 承运人

2. 美国地区的运输条款有（　　）。

    A. OCP　　　　　　B. MLB　　　　　C. IPI　　　　　D. DDC

    E. DDP

3. 以下哪些运输组织方式属于多式联运方式？（　　）

    A. SLB　　　　　　B. OCP　　　　　C. MLB　　　　　D. IPI

4. 目前，国际多式联运单证可以分为以下哪些类型？（　　）

    A. Port to Port B/L　　　　　　　B. FBL

    C. Multidoc　　　　　　　　　　D. Combined Transport B/L

5. 国际多式联运责任制的类型包括（　　）。

    A. 网状责任制　　　B. 分割责任制　　　C. 统一责任制　　　D. 经修正的统一责任制

三、简答题

1. 简述国际多式联运的概念。

2. 简述国际多式联运的优越性。

3. 试结合案例，论述国际多式联运的流程。

4. 简述国际多式联运单据的类型。

5. 简述国际多式联运提单的类型。

6. 简述国际多式联运提单的签发。

参 考 文 献

[1]肖旭. 国际货运代理[M]. 北京：高等教育出版社，2014

[2]赵家平. 国际货运代理操作实务[M]. 北京：中国海关出版社，2011

[3]中国货运代理协会. 国际货物运输代理概论[M]. 北京：中国商务出版社，2010

[4]中国货运代理协会. 国际海上货运代理理论与实务[M]. 北京：中国商务出版社，2010

[5]中国货运代理协会. 国际航空货运代理理论与实务[M]. 北京：中国商务出版社，2010

[6]中国货运代理协会. 国际陆路货运代理理论与实务[M]. 北京：中国商务出版社，2010

[7]顾丽亚. 国际货运代理与报关实务[M]. 北京：电子工业出版社，2012

[8]范泽剑. 国际货运代理[M]. 北京：机械工业出版社，2011

[9]进程物流网，http：//www. jctrans. com/

[10]国际货运代理协会，http：//www. cifa. org. cn/

[11]国际航空运输协会，http：//data. carnoc. com/corp/org/iata-html